Contents

表紙のバス　上から反時計回りに，旭川電気軌道がレストアした3軸バス・1963年式三菱ふそうMR430，大阪シティバスの燃料電池バス・トヨタSORA，北海道バスの三菱ふそうエアロエース"F VILLAGE CRUISER"，アルテックが輸入したトルコ製の小型電気バス・カルサンe-JEST

四面楚歌の日本のバスに活路はあるか

Is There A Path Forward For The Forsaken Japanese Buses?

和田由貴夫

バスラマインターナショナル 編集長

4年目に入ったコロナ禍とバス業界

COVID-19の名称で示されるように2019年に世界で認知された新型コロナウイルス感染症の感染者が国内で最初に確認されたのは2020年1月16日の報道だった。以来3年が経過した2023年1月16日の新規感染者数は5万4,378人，1日の死者数は284人，累計感染者数は3,147万1,011人である。実に国民の4人に1人が感染したことになる。当初は感染者に対する差別が問題視されることもあったが，最近は読者の身近にも感染が及んでいる実感があるだろう。これほど長く影響が及ぶとは誰も予想だにしなかったが，次々と変異株を繰り出すこのウイルス感染症は依然として侮れず，アフターコロナもまだ先のようである。国も次々に対策を打ち出してきたが，人をまとめて運ぶことで経済性を見出す公共交通には大打撃を与えた。

2020年以降，乗合バス需要の根幹である通勤通学のバス利用が激減。テーマパークが休園しイベントが中止となり，都市間移動そのものの需要がなくなった。海外との往来や旅行が途絶え，空港連絡バスの需要もインバウンド旅行者も途絶した。高齢者が支えてきたバス旅行は催行が中止。一方で一般路線バスは密を避けるために減便ができず，採算性が悪化した。そうこうするうちにテレワークが普及して通勤需要の規模が縮小した。その後は需要減少に見合った運行形態の見直しも進み，慢性的に人員不足だったバス業界では労働時間に余裕が生まれたという印象もあったものの，コロナ禍で他の業界へ転職する例や，家庭内感染で乗務できずに減便せざるを得ない例なども多々報告されている。公共交通は鉄道を含めて採算悪化を補う運賃改定を進めるが，感染症だけではない諸物価高騰の中，利用者離れも懸念される。

感染症の拡大の一方で経済を動かさなければ，という掛け声を受け，旅行需要促進策や都市間移動の再開，さらには海外旅客の受け入れも始まったが，コロナ禍前とはバスの需給構造が大きく変化していてバス業界は明るい展望が拓けない。輸送人員の減少に伴う車両の代替計画見直しを反映して，バスの生産台数も大きく減少した。特に貸切車新車の落ち込みが著しい。自動車産業におけるバス事業の存在感への影響にも懸念が生じる。

コロナ禍の影響で2020年の乗合バス輸送人員は32億6,100万人で2019年比28.1％の減少である。需要が3割落ち込む業界は存亡の危機である。庶民の平和な生活の上に成り立つバス事業にとって，コロナ禍は戦乱と同様の「外乱」だが，戦争のように一過性で済むのかどうか，現状の経験を踏まえたアフターコロナの需要予測は重要な課題である。

電気バスは国の方針決定が先決

コロナ禍という外部の環境変化で四面楚歌状態に置かれるバス業界だが，それとは関わりなく進んでいるジャンルもある。電気バスに代表されるポストディーゼルに向けた新技術の普及と，自動運転である。電気バスはここ数年の年鑑バスラマでも徐々に掲載ページを増やしており，今年も販売車種が増えている。バス事業者の選択肢の増加は望ましいが，バス事業者の電気バスに対する意識はより重要である。2022年2月に発行したバスラマNo.190では国内の主なバス事業者の電気バスに対する意識調査を行った。集約すると「必要性は感じるが導入はコミュニティバスなどの小規模の運用から」とするバス事業者が多かった。その背景に国産電気バスへの期待が見える。人々の生活を支えるバス事業者にとって使用車両は信頼性が最大の要件である。国産バスに対する信頼は一朝一夕に培われたものではない。ところが肝心の国産バスメーカーから電気バス販売の明確なビジョンは聞こえてこない。そもそも国からも電気バスの普及に向けた行程表が示されていないのだから当然かもしれない。地球温暖化の抑制にも様々な方策があり，条件は国ごとに様々だ。環境性能や耐久性や経済性で日本製のディーゼルエンジンが世界をリードしてきた自負があるのも理解できる。さればディーゼルエンジンのさらなる玉成を進めるといったポリシーを含めて，日本の自動車技術の方向性を示す必要がある。世界情勢は欠かせない条件だし，自動車メーカーはグローバル市場がターゲットだから日本独自の価値が問われるが，エネルギー問題は国策である。電力調達を含めて日本のバスにはどういう取り組みが望ましいのか，あるべき姿を示すのは国の責任である。

こうした雰囲気の中ではあるが，電気バスの導入例は着実に増えており，車両に対する関心の高まりと同時に，充電方法や電力会社との運用面の情報が拡充してきた。電池の劣化診断に関する研究も進められている。人々の暮らしに電気バスがどう受け止められていくのか，台数が望める乗用車の電気化が先か，社会性と密接にかかわる電気バスを重視するのか，その位置づけも問われている。

自動走行システムへの期待

労働集約型のバスにおいて，労働力不足は産業の根幹に関わる大問題だ。バスの運転業務が「盆暮れ正月」に関わりなく，拘束時間が長いことは昔と変わらない。それでも他の仕事に対する給料の高さで人材は確保できていた。そのバランスが崩れた背景には利用者が減少して事業者の採算が合わなくなったことだが，同時に労働環境に厳しさが増したことも拍車をかけた。

昨今の日本の社会はサービスを提供するよりされる側になりたいという「お客様になりたがり症候群」が拡大している。これを放置していると消防士や警察官，自衛官や教師といった社会に欠かせぬ仕事が軒並み人手不足になりかねず，社会システムの崩壊が起きる。本誌ではまずバス乗務員が誇りを感じられる仕組みや雰囲気の醸成を提案しているが，減りつつある運賃収入で乗務員の給料を賄いきれない構図の対策の解はバス業界だけでは得られない。バスが社会

Is There A Path Forward For The Forsaken Japanese Buses?

4　BUSRAMA ANNUAL 2022→2023

インフラである以上，サステナブルなバス事業の確立は本誌が創刊以来提言している内容だが，もう真剣に取り組まないと日本のバスに明るい未来はない。

　自動運転はバス業界からは人手不足の解決になると期待され，事故がない安全な社会への期待も大きい。様々な条件で実用化に向けた実験が続けられている。このジャンルでは使用車両のブランド以前に，移動を制御するシステムが問われる。参入するのも長年の信頼を培った企業ではなくスタートアップが多い。いずれにしてもオペレーションに関わるカギを握るものが自動運転を制するだろう。ただ家族ドライブのようなプライベートな空間と，見知らぬ人が乗り合わせるパブリックな移動手段では安全に関する要求は大きく異なるはずだ。画像認識が進んでも事故の抑止にはならない。同時に一定速度で移動する乗り物の運動エネルギーが変わらないことも忘れてはならない。社会が期待する夢の実現には科学に謙虚な設計思想がコンセンサスを得ることが最重要である。

　バスを標榜する媒体として様々な事象をお伝えし，機に応じては様々な提案もしてきた本誌だが，将来的にはバスだけが対象ではなくなるかもしれない。当面はこれからも利用者にとって，すなわち社会にとってよりよい生活の道具としてのバスの創造を見守りながら多少なりとも貢献をしていきたいと考える。

Fourth Year of Covid-19 and the Bus Industry

It was on January 16, 2020 when the first case of Covid-19, the new corona virus that was detected in 2019 as the name implies, was reported in Japan. 3 years later, on January 16, 2023, there were reports of 54,378 new cases with 284 deaths. The total number of those that have been infected is 31,471,011 people. It means that 1 in every 4 Japanese citizens has been infected. Prejudice toward those that had been infected had initially been viewed as a problem, but is now in the past. Our readers must be feeling the reality that the pandemic has recently been lurking close by. Nobody had foreseen that we would be affected for so long, but we cannot take lightly this virus with its constant variants, and it seems as though post-Covid is still in the future. The government has been implementing various policies, but the initial policy has greatly affected public transportation which thrives on mass transportation of people.

Since 2020, commuting to companies and schools by bus, the core demands of route buses, has decreased drastically. Theme parks have been closed and events postponed, so demands for intercity travel itself became non-existent. Travel to and from overseas has been cut off, so demand for airport transfer buses has also diminished along with inbound tourists. On the other hand, operation of regular route buses could not be reduced so as to avoid congestion, leading to lower profitability. During this time, the spread of remote working resulted in smaller commuter demands. Since then, operations have been reevaluated to reflect the decrease in demands, leading to lighter labor hours for the bus industry which is always facing driver shortages, but there have been many reports of drivers entering other fields because of Covid-19, as well as numerous instances where bus operators were forced to reduce operations due to drivers not being able to work because of infections within the families Public transportation including railway companies have been revising their fares to offset the decreased profitability. But, it is feared that it will lead to further decrease of consumers due to not only the pandemic but also the rising cost of living.

With some calling for stimulation of the economy even in midst of the spread of the pandemic, policies to encourage travel, resumption of intercity travel, and acceptance of foreign tourists were started. But the demand structure of buses have changed drastically compared to before the pandemic, and the bus industry is struggling to cultivate a bright future. Reflecting changes to vehicle replacement plans due to decreased number of passengers, production of buses has also decreased drastically. Drop in the number of new chartered buses is notable. It is feared that it will adversely affect the existence of the bus business withing the automobile industry.

Due to the pandemic, the number of passengers taking route buses totaled 3.261 billion in 2020, down 28.1% compared to 2019. Industry with a 30% drop in demand faces a danger of extinction. For the bus industry which thrives on peaceful living of the ordinary people, Covid-19 pandemic was a "disturbance" similar to war, but whether it will be temporary like the war, it will be important to forecast the post-Covid demands based on our present experience.

National Policy Should Come First Before Electric Buses

Regardless of the bus industry being forsaken due to the changing outer environment, there are genres that are moving forward. These genres are the spread of new post-diesel technology as represented by electric buses and autonomous driving. Pages introducing electric buses in our Busrama Annual have been increasing a little by little in recent years, with the number of models being offered increasing this year. It is good that the choice for bus operators have increased, but what is more important is the consensus of bus operators toward electric buses. In Busrama No. 190 published in February of 2022, we held an opinionnaire about electric buses among the major domestic bus operators. To summarize, many of the bus operators "feel the necessity, but would like to start with small scale operations such as community buses". We feel expectations toward domestic electric buses as a background. For the bus operators who support the daily lives of the people, reliability of the vehicles is of utmost importance. Reliability of domestic buses was not achieved in a day. But, we cannot hear a clear vision about electric buses from the domestic bus manufacturers themselves. It may be natural as the government has not expressed a specific itinerary toward the spread of electric buses. There are various methods to combat global warming, and conditions may differ depending on the country. It is understandable that manufacturers pride themselves of the fact that the Japanese diesel engines have been leading the world in environmental friendliness, durability, and efficiency. It is becoming necessary to express the direction in which the automotive technology will be heading, including the policy of further perfecting diesel engines. World affairs cannot be ignored, and as the global market is the target for automobile manufacturers, values unique to Japan will be tested. But, energy is a national policy. It is the responsibility of the government to express what Japanese buses should undertake, including procuring electricity.

Even in midst of this vibe, electric buses have definitely been increasing. Along with strong interest toward the vehicles, information about charging options and operational side of electric companies have become readily available. Research into detecting the deterioration of batteries is also ongoing. Being questioned are how electric buses will be received in people's lives, and whether passenger cars should be prioritized because of volume or placing emphasis on electric buses because of their proximity to society.

Expectations Toward Autonomous Driving System

For labor intensive buses, labor shortage is a major problem related to the core of the industry. Long binding hours, regardless of whether it is "a new year's day or a holiday", in driving buses is no different from days gone by. It had been possible to secure labor as the wages had been relatively high compared to other jobs. The balance was broken when the bus operators began to lose money due to decrease of passengers, but also enhancing the problem was the increasingly severe labor conditions.

In the Japanese society, tendency for people who "would like to receive rather than provide service" has been getting greater in recent years. If we were to ignore this trend, jobs necessary for the society such as firefighters and policemen, military personnel and teachers will all face labor shortage, and may lead to collapse of the social system. Our magazine has been proposing cultivating an atmosphere where bus drivers can feel proud, but it is not possible for the bus industry alone to find answers of not being able to provide drivers' salaries due to decreased income from the fares. As buses are a part of the social infrastructure, our magazine has been promoting the realization of sustainable bus operations. There will be no bright future for Japanese buses unless serious steps are taken now.

Bus industry is expecting autonomous driving to resolve driver shortage, and expectations are high for a safe society without accidents. Experiments under various conditions are being undertaken to realize practical use. In this genre, system to control mobility becomes more important than the brand of the vehicle. Many of the companies entering the market are not those with long experience but are startups. Those with operation related keys will likely rule autonomous driving. Safety demanded of public mobility with many strangers on board should differ greatly from that of private space going for a family drive. Even if image authentication were to advance, it will not lead to deterring accidents. At the same time, we must not forget that physical energy of a moving vehicle at a certain speed will not change. To realize society's dream, it is most important for the design concept humbled by science to receive consensus.

As a medium advocating buses, we have introduced many examples and at times have made many suggestions, but our subject may not be restricted to buses in the future. For the time being, we would like to keep our eyes on creation of buses that are tools for better living of the society, and more or less continue to make contributions.

バス架装のご用命は
ぜひ
エムビーエムサービスへ。
夢を現実に！

事業所所在地図

架装部工場
事務所

三菱ふそうバス製造様

mbms本工場

本事務所

■ウォータージェットカッタNC

■架装部事務所・工場

■本事務所・業務部工場(後方)

2022 国内バスハイライト

The High Light of Domestic Buses 2022

５月から７月にかけて埼玉県ときがわ町に５台が採用されたオノエンスターEV　7 m車．中型車に近い車幅を持つ全長７mの
電気バスで，メーカーは中国・揚州亜星（ヤーシン）．イーグルバスの一般路線・ときがわ町路線バスで活躍している

←那覇バスが4月15日から那覇市内で2台を運行開始した小型電気バス．沖縄県で電気バスが定期運行するのは初めてで，車両は商用EVのベンチャー企業であるEVモーターズ・ジャパンのF8シリーズ4である．これら2台は同社製電気バスでは初の市販車となった．CATL製リチウムイオンバッテリーを搭載，コンポジット素材による軽量ボデーや独自の高効率充放電システムなどを特徴とする

↑↑EVモーターズ・ジャパンでは2022年，中・大型電気バスも相次いで発表した．大型10.5mシティバス・F8シリーズ2のプロトタイプ．↑大型車幅・全長8.8mのハイデッカー観光車・F8シリーズ6

←西鉄バス北九州が6月27日から運行するレトロフィット大型電気バス．西鉄グループでは2020年からレトロフィット（使用過程車への改造）による電気バスの試験運行を重ねており，2022年にこの3台めを導入した．中古購入の2007年式日産ディーゼルPKG-RA274MANをベースに，台湾RAC製の量産電気バス用モーター，インバーター，バッテリーなどを現地で搭載した．北九州市内の一般路線で使用し，航続距離，充電時間，コストなど様々な面から検証を重ね，今後のレトロフィット電気バス本格採用の可能性につなげていく（TM）

電子系商社のアルテックが輸入したカルサンe-JEST．トルコ製の小型電気バスで，全長5.85m・全幅2.055m・全高2.85m．定員22〜25人．ベースのディーゼル車JESTは世界各地で多数が活躍している．今回の輸入は近い将来の国内販売に向けたマーケティングが目的で，左ハンドル・右扉とヨーロッパ仕様のままだが，2023年には右ハンドル仕様の上陸もアナウンスされる．過疎地域や小規模需要路線で7m車よりもさらに小さいワンボックス車ベースの小型バスが増える中，乗降性・居住性・環境性能に優れたモデルとして注目される

日本に上陸して既に7年を数える中国・BYDは，2022年は小型電気バスJ6を主体に台数を増やした
➡知多乗合が10月1日から愛知県常滑市・半田市で8台を運行開始したBYD J6．うち6台は常滑市のコミュニティバス「グルーン」専用（写真）で，同路線は「ボートレースとこなめ」のパーク化に伴い，同施設が運行主体となっている．ほかの2台は一般路線と兼用される（Ya）

⬇近鉄バスが2月16日から，東大阪病院線と警察病院線に1台ずつ投入したBYD J6．写真は警察病院線・JR桃谷駅前付近で

本項の文末カッコ内イニシャルは写真撮影者（104ページ参照）．ただし★はメーカー提供，特記外は編集部撮影

⬇岐阜県美濃加茂市のコミュニティバス「あい愛バス」で3月7日から1台が運行開始したBYD J6．運行は新太田タクシー（Ya）
↘広島交通はBYD J6を2台採用，11月1日から運行を開始した．広島県安佐北区の北部医療センター安佐市民病院を起点に可部エリアを巡回する，可部循環線などに使用されている（Fu）

⬇JALJTAセールスが沖縄本島北部の世界自然遺産「やんばる国立公園」で催行するガイドツアー「やんばる黄金（くがに）号」に使用されるBYD J6．貸切事業者・新報トラストが2台を保有する補助席付の仕様である

2022年，FC（燃料電池）バス・トヨタSORAは10数台が新規登録された．三菱UFJフィナンシャル・グループは水素社会拡大の一助として，3事業者のFCバス導入を支援した．支援先事業者は大阪シティバス，南海バス，東京都交通局で，各1台ずつ導入された
←3月25日に運行開始した大阪シティバスのSORA．同社および大阪市内初のFCバスで，住之江営業所に配置された．水素充填所はイワタニ水素ステーション大阪住之江（Sz）
↓2月17日から運行開始した東京都交通局のSORA．配置は深川営業所．同局は東京2020大会を前に70台のSORAを導入し，今回が71台めとなった．なお南海バスは関西国際空港内のシャトルバス用で，同空港を管理する関西エアポートとの共同事業である
☛小型FCバスのトヨタコースターFC．メーカーの自家用や医療機関向けなどに少数が製作されているが，まだ試作段階である．床下にボンベを搭載する

連節バスはコロナ禍による需要変動もあり採用が限られた．↓4月1日，近鉄富田駅―キオクシア間の通勤路線で運行開始した三岐鉄道の日野ブルーリボンハイブリッド連節バス．→2020年から伊勢神宮の神都ライナーで連節バスを運行する三重交通は，9月1日から近鉄四日市駅―キオクシア間にも投入した．車両は神都ライナー用のいすゞエルガデュオである（いずれも3月開催の四日市市の交通イベントで．Ya）

➡利用者の需要に応じて迂回運行するデマンドバスは既に半世紀ほどの歴史を持つが，近年は複数利用者の呼び出しに応じてAIが最適なルート・ダイヤを組み立てるオンデマンドバスが普及の兆しを見せている．呼び出し方法はスマートフォンなどインターネット経由が主体で，停留所ポールではなくアプリ上に設定される停留所で乗降するケースも多い．これらは需要が限られるローカル地域のみならず，潜在需要が見込める大都市でも実証実験が進められている．写真はOsaka Metroが3〜4月にかけて大阪市内4区を対象に運行開始したオンデマンドバス．車両はワンボックスタイプのトヨタハイエース

⬇オンデマンドバスで使用例が多い乗客定員10〜12人程度のワンボックスタイプの小型バスは，狭隘路線にも導入が進む．名鉄バスが11月1日から実証運行する春日井市内のかすが台―中央台間（Ya）

↘上：狭隘路を伴う住宅地でのフィーダー路線として，東京・中野区が10月18日から実証運行する若宮大和町循環の小型バス．運行は関東バス

下：ワンボックスタイプは全長7〜9mクラスのバスのダウンサイジングの受け皿として採用される例も増えている．10月1日の路線再編を機にワンボックスタイプのバスを導入した庄内交通の鶴岡市内循環線（AN）

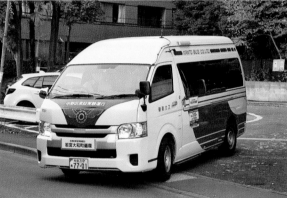

P7〜9: The number of electric buses manufactured in China (BYD, Yangzhou, and Alfa-bus) has been on the increase. Utilization of BYD's small-size buses was noteworthy in 2022. EVM・J, the Japanese venture company of commercial EVs, is attempting to increase their share of the market with buses which have bodies manufactured in China. Nishi Nippon Railroad, the biggest bus operator, is experimenting with the large-size retro-fit electric bus.

P10: Toyota's FC bus Sora started operations in Osaka City for the first time. Maybe owing to travel restrictions due to Covid-19, utilization of articulated buses had been limited.

P11: Experimental operations of on-demand buses were started around the nation. One-box types are often used for buses in these instances, and these minimum-size buses have been increasing as community buses of cities as well as on downsized routes of local routes.

全国的にドライバー不足やコロナ禍により現場の欠員が増える厳しい環境の中，ドライバーコンテストはモチベーションの維持・向上にも効果的といえる．10月23日，4年ぶりに開催された東京バス協会の「バスドライバー安全運転コンテスト」で，競技を終えた11社の選手・関係者がバスを前に記念撮影

バスドライバー不足への対応策でもある自動運転は，コロナ禍の中でも各地で実証実験が進められるとともに，特定の環境下での実用例も見られた．↑JR東日本は12月5日から気仙沼線BRTの一部区間で自動運転を開始した．カメラ，LiDAR，路面の磁気マーカーなどを併用するシステムで，異常時には運転士の手動運転に切り替えられるレベル2である．写真は柳津駅で一般車（右）と並ぶ自動運転専用車（左）．いずれも日野ブルーリボンハイブリッド

➡自動運転用の小型バスは既に複数の車種が市販されているが，これは国内のロボットベンチャー・ZMPが中国・アンカイ製量産電気バスをベースに自社開発のシステムを組み込んだRoboCar Mini EV Bus．ZMPのロボット技術が活かされるとともに，車両メーカーの純正システムに位置づけられ，使い勝手が高いのも特徴

⬇日本ペイント・インダストリアルコーティングスが開発した，舗装と近似色の特殊塗料「ターゲットペイント」（画面手前の道路上の破線）をレーダーで追って自動走行する小型バス．従来のような磁気マーカーの道路埋め込みや，舗装色と大きく異なる特殊ペイントに代わる技術として登場した．神奈川中央交通が慶応大学湘南藤沢キャンパスで運行する自動運転バスでの公開実験だが，同社ではターゲットペイントも利用したレベル4の早期達成を目指している

福岡空港内で3月8日〜4月8日，いすゞ自動車，西鉄，三菱商事，福岡国際空港が行った自動運転レベル2の実証実験．空港内の道路を一般客は乗せずに1日8往復した．ベース車はいすゞエルガ（2RG-LV290Q3）で，大型バスの自動運転における技術評価や改善点の検証などが行われた（TM）

2022年は感染症の落ち着きにより，高速バス・空港連絡バスの需要が回復傾向を見せるとともに，路線開設・リニューアルも進んだ．
⬆本来は東京2020大会前に開設が予定されていた成田空港—池袋間が，8月1日から運行開始した．池袋西口公園での運行開始セレモニーで並んだ4事業者のバス．左から京成バス，国際興業，WILLER EXPRESS，リムジン・パッセンジャーサービス

⬆12月10日，JR東海バスが期間限定で運行開始した名古屋—休暇村越前三国（福井県）間「名福ライナー　みくに号」の初便出発のシーン．名古屋駅で（Ya）
⬅上：9月26日に一部が供用開始された，東京駅直結の高速バス新拠点・バスターミナル東京八重洲．駅周辺の道路上や鍛冶橋駐車場発の一部の便が移行した．中：都内の代表的な高速バス拠点・バスタ新宿が10月末に延べ利用者5,000万人を達成，11月23日に記念イベントが行われた．下：車両にも新提案が見られた．2021年暮，全但バスが城崎温泉—大阪間に投入した昼行便初の個室付バス「ラグリア」．個室は左側後方に2室設置

⬇11月1日に東急バス・相鉄バス・上田バスが横浜・新横浜・たまプラーザ—軽井沢・草津温泉間を開設．横浜駅西口での出発式で

2階建てバスや2階建てオープントップバスを使用した観光ツアーは，コロナ禍に伴う各種制限が緩和されたこともあり，各地で運行された

←東急バスは10月8日〜11月27日の土休日に，渋谷駅を起終点とする「渋谷オープントップツアー」を運行した．2022年の東急グループ100周年記念事業の一環で，「いつもの街の新たな発見」をテーマに渋谷駅〜表参道周辺を約40分で一周する．予約・発券は楽天トラベルのウェブサイト経由に集約された．車両ははとバスから移籍した1997年式三菱ふそうKC-MU612TAである（HA）

←↑クラブツーリズムが東京都心部で2月11日〜3月13日に催行した「WOW RIDE（ワゥライド）」．2階建てバス（ネオプラン・スカイライナー）の客席窓に透過型ディスプレイを設置し，乗客はモニターに映し出される，現実世界とVR（バーチャルリアリティ＝仮想現実）が融合したAR（オーグメンテッドリアリティ＝拡張現実）が楽しめる．左写真は上が現実の銀座付近の車窓，下がVRで再現された，いにしえの景色．運行は日の丸自動車興業が担当した

↑京急グループの東洋観光が2021年12月〜2022年1月に運行した「オープントップXR観光ツアー＠横浜」．乗客全員がVRゴーグルを装着し，みなとみらい21地区の現在と未来の姿が融合した映像を楽しんだ．車両は1993年式三菱ふそうU-MU525TA改（HA）

←WILLERが展開するレストランバスは，感染症対策をより充実して催行されている．3〜4月に京都で運行された「桜巡りコース」は帝産観光バスが運行を担当した．車両は三菱ふそうBKG-MU66JS

→北海道倶知安町・ニセコ町で7月15日〜8月28日に運行された「スカイバスニセコ」．運行は道南バスとニセコバスで，車両は日の丸自動車興業から各社に1台ずつ貸与されたが，道南バスはスカイバスの最新車，メルセデス・ベンツ／UNVIを使用した（Nk）

↓長野県の裾花観光バスが4月16日〜6月30日に運行したオープントップバス．愛称は「SORA-BUS」．善光寺御開帳に合わせ，長野市周辺を観光するツアーで，車両は2005年式三菱ふそうMU612TXである（HK）

↑大井川鉄道系の大鉄アドバンスが7月22日〜8月21日の特定日に催行した「スカイバス大井川」．大井川鉄道のSL整備工場や静岡空港制限エリア内での離発着見学など乗り物ファン垂涎の内容だった．車両は日の丸自動車興業から貸与されたネオプラン・スカイライナー（HK）

↓クローズドの2階建てバスの新車供給はベルギー製のスカニア／バンホールアストロメガに限られている．高速バス向けは2021年に代替が進んだことで2022年の新車台数は少なかったが，JR東海バスは新たに国産車・エアロキングの置き換えとして3台を採用した（Ya）

貸切需要の回復の遅れなどから，2022年の観光バスの新車はきわめて限られた．⬆北海道バスが2023年に完成する北海道日本ハムファイターズの新拠点・HOKKAIDO BALLPARK F VILLAGE（北広島市）関連の輸送に向けて 2 台を投入した「F VILLAGE CRUISER」．三菱ふそうエアロエースで，2＋1 独立シート・乗客定員21人，温水洗浄便座装備の大型化粧室やワインクーラーなど充実した設備

⬆草軽交通が既存車を改造した透明ルーフ車「SORAN（そらん）」．天井全体を透明樹脂化するとともに，5 カ所を電動スライド式としオープンエア感覚も楽しめる．また遮光用として手動式ロールカーテンも備えている．2016年式三菱ふそうエアロエース（QTG-MS96VP）をベースにMBMサービスが改造した（YS）

小型車の豪華仕様に挑戦した例も．福井交通が福井県立一乗谷朝倉氏遺跡の施設シャトルバスに 2 台導入した日野リエッセⅡは，朝倉氏遺跡博物館の展示内容と同じ世界観でまとめられている．特に内装は小型車とは思えない造り（★）

⬅ドラマ撮影用にアメリカから輸入されたバス，米GM製の1965年式「ニュールック」．オノエンジニアリングがNHK朝ドラ『ちむどんどん』のために，現地保管されていた車両を輸入したもので，"米軍から払い下げられた右側通行時代の沖縄のバス"に扮して出演した．外装やナンバーは劇用である

コロナ禍以降に定着した感のあるバスファン向けツアーは2022年も盛んに行われた
↑↑伊予鉄バスほかグループ3社が3月27日に催行した「RJで行く!伊予鉄バス営業所巡り」の松山斎院営業所における撮影会で．いずれも日野車で，左から1988年式ブルーリボンRU，移動の足となった1986年式RJ，1991年式RJ，1980年式RL．21世紀とは思えないシーンである（AN）

↑JR東海バスが11月26日に催行した，同社2階建てバスでJRバス関東・中央道支店を訪ねるツアーの撮影会．左からJR東海バスの三菱ふそうエアロキング・V8エンジン車，国鉄色に復刻されたJRバス関東の日産ディーゼルUA，同社の同UAノンステップ，伊那バスの日野ブルーリボンIIツーステップ（Ya）

↓ファミリー層や利用者，バスファンを対象に開催される，9月20日の「バスの日」にちなんだイベントも，各地で復活開催の傾向を見せた．写真は6月12日，3年ぶりに開催された国内最大級のバスイベント「スルッとKANSAI 電車&バスまつり」．会場は奈良市の平城宮跡公園「朱雀門ひろば」で，関西一円から多くの来場者を得た

↑九州産交グループの創立80周年記念イベント「九州産交80祭」は10月1・2日，熊本市の花畑広場で開催された（HO）

↓宮城県バス協会の「第30回宮城バス祭り」が9月17日，仙台市内の勾当台公園で開催された（AN）

←事業者が旧型バスを再整備し，営業運行に使用する例としては草分け的存在の東海バス「伊豆の踊子号」（1964年式いすゞBXD30／川崎航空機）．1976年の運行開始から約45年を経て大規模リニューアル工事を受け，8月6・7日の「『伊豆の踊子号』で行く旧天城トンネル&浄蓮の滝」ツアーで現役復帰した．旧天城トンネルでの記念撮影（AN）

↙西武バスは創業90周年記念事業のひとつとして，廃車後に西武グループの近江鉄道に転出した1997年式日産ディーゼルKC-UA460HSN／富士重工（3扉仕様）を，近江鉄道引退後に再整備，貸切登録し，12月11日の「90周年大感謝祭」で披露した．車体更生などの整備は西鉄車体技術が担当した．今後は自社ツアーなどに使用する

↓旧塗装の復刻デザインは依然として活発．4月から運行開始した弘南バスの旧デザイン車は地元有志が企業などからの協賛金を得て実現したもので，2017年式日野2KG-KR290J3にラッピングされている（AN）

↘那覇バスが7月10日に運行開始した「首里バス復刻号」．旧那覇交通が1974年に合併した首里バスの復刻デザインで，沖縄本土復帰50周年を契機にバスの歴史をアピールするねらい．1998年式日野KC-HU2MMCAがベースである（HG）

↓名古屋市交通局は2022年8月1日の創業100周年を記念し，市電・市バスの歴代カラーリングをバス11台に復刻，11月13日から運行開始した．復刻塗装車6台，ラッピング車5台で構成されており，実現にはクラウドファンディングも活用された．既に運行中の市バス復刻デザイン車1台を合わせて総勢12台が揃った．右端の車両は1930年の市バス創業時のカラーリング（Ya）

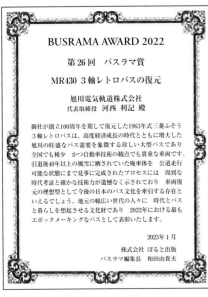

BUSRAMA AWARD 2022

第26回　バスラマ賞

MR430 3軸レトロバスの復元

旭川電気軌道株式会社
代表取締役　河西 利記 殿

御社が創立100周年を期して復元した1963年式三菱ふそう3軸レトロバスは、高度経済成長の時代とともに増大した旭川の旺盛なバス需要を象徴する珍しい大型バスであり全国でも稀少　かつ自動車技術の観点でも貴重な車両です。引退後40年以上の風雪に晒されていた廃車体を　公道走行可能な状態にまで見事に完成されたプロセスには　周到な時代考証と確かな技術力が遺憾なく示されており　車両復元の理想型として今後の日本のバス文化を牽引する存在といえるでしょう。地元の幅広い世代の人々に　時代とバスと暮らしを想起させる文化財であり　2022年における最もエポックメーキングなバスとして表彰いたします。

2023年1月

株式会社 ぽると出版
バスラマ編集長　和田由貴夫

　2022年秋，創業100周年を4年後に控えた旭川電気軌道（旭川電軌）で1台のバスが甦った。1968年に同社が合併吸収した旭川バスが1963年に採用した三菱ふそうMR430である。MR430は高度経済成長期，増加の一途をたどるバス需要に応じて発売された3軸バスで，全長12mの車体は110人を収容するとともに，前2軸・後1軸のレイアウトが最適な重量配分と機動性をもたらした。全国での採用台数は旭川バスが呉羽自工製3台，国鉄バスが富士重工製6台，名鉄が同3台とされる。旭川電軌では通学路線などで活躍したが1978年に最後の1台が引退，同車は農家の倉庫に転用された。その後，所有者はバスファンに移り，さらに別のバスファンが所有して市内の整備工場に留置されたが，廃車後43年を経て再び旭川電軌の所有となり，1年3カ月をかけて同社傘下の旭川オートサービス（AAS）がフルレストア，貸切車登録され，10月21日にお披露目されたもの。これまでバス事業者が自家用や移籍車を営業車として再整備した例はあるが，長らく放置された廃車体をレストアした例は大変珍しいといえる。レストアにはAASの熟練技術者の経験と技に加え，他の廃車体の部品や3Dプリンターなど最新技術も活用されたというが，本誌ではこのレストア事業をバスへの情熱にあふれた2022年最大の話題ととらえ，第26回バスラマ賞（左）を贈呈した。

➡運転席周りも入念に復元された．5速ミッションはノンシンクロ
⬇懐かしい2枚窓のリヤスタイル

ぼると出版が2010年から大阪で開催する体験型バスイベント「バステクフォーラム」，その首都圏版である「バステクin首都圏」は2022年，それぞれ第13回・第8回を数えた．2020年以降，コロナ禍でバス業界のイベントが限られる中，バステクは充実した感染症対策を行いながら業界の貴重な情報源，また業界関係者の交流の場としての役割を果たしてきたが，2022年はコロナ禍が落ち着いてきたこともあり，大阪・首都圏とも過去最多の来場者を迎えた

←11月22日に千葉県の幕張メッセ屋外展示場と隣接地で開催した「第8回バステクin首都圏」は出展企業30社，車両17台が参加，総参加者数は1,000人弱を数えた

←7月8日に大阪市の舞洲スポーツアイランド「空の広場」で開催した「2022バステクフォーラム」は出展者数36社，車両20台が参加．総参加者数は約1,100人と，これまでの東西バステクで最多を記録した

↓左：「第8回バステクin首都圏」の試乗会場に並んだ試乗車4台．いずれも輸入車で，うち3台は電気バスである
右：「2022バステクフォーラム」では初めて自動運転バスのデモが行われた．東京大学系の先進モビリティがBYD J6をベースに開発したもので，周回路内の特設コースを磁気マーカーなどによらず完全自律走行した

P12: Experiments of autonomous driving are being held around the nation, with the smallest being the golf cart class and the largest being large-size buses. JR East has realized level 2 of autonomous driving on their BRT which is being operated as the replacement for the Kesennuma Line that received damage from the East Japan Earthquake. Robot manufacturer ZMP has been offering the electric bus manufactured by Ankai of China with equipped autonomous driving system.

P13: With Covid-19 settling down and aided by resurrection of flights, highway routes buses and airport transfer buses seem to be on the rebound. Operation of new routes which had been put on hold have started. A new bus terminal that is directly connected Tokyo Station has partially opened in Tokyo.

P14~15: Sightseeing tours utilizing double deckers and open top double deckers were operated around the nation. A tour which makes it possible to experience the future, present, and past by utilizing VR goggles and through VR on displays integrated into the windows has appeared. The new double decker highway buses (Van Hool Astromega) have been limited to few units obtained by JR Bus.

P16 Above: As demand for sightseeing chartered buses has not recovered and due to the postponement of sales of Hino/Isuzu models (p24), new vehicles were few. Below: 1965 GM New Look was imported for the filming of the drama that was set in Okinawa.

P17: Tours aimed at bus enthusiasts which played a role, albeit minimal, in sup-porting demands of chartered buses during the Covid-19 pandemic continued to be actively organized, with bus operators lining up their flagships and old buses for photo opportunities. Family friendly bus events have also been resurrected.

P18: As an example of old buses being in operation, the conventional bus of To-kai Bus (1964 Isuzu) has returned after receiving a major renewal as it has been operated for 45 years. Seibu Bus has resurrected a 3 door model that was manufactured in 1997, which has been registered as a chartered bus. Retro livery could be found around the nation.

P19: To commemorated their 100th anniversary, Asahikawa Denki Kido has fully restored the Mitsubishi Fuso MR430 (1963 model) with tandem front axles which had been abandoned, and has started operations of the vehicle as a chartered bus. It required a year and 3 months to restore, and is a collaboration of experienced technicians' techniques and enthusiasm as well as the newest technology such as 3D printers. It has left a great impression on those associated with buses as well as bus enthusiasts, and being both a historical and significant undertaking, has been presented the Busrama Award 2022 by Busrama.

P20: Porte Publishing held the 2022 Bus Tech Forum at Osaka in July and the 8th Annual Bus Tech in Shutoken at Chiba in November. Both events featured newest technologies along with electric buses, and both attracted the most visitors of their respective histories.

TRUCK&BUS TYRE

国内バスカタログ 2022 ➡ 2023

Domestic Bus Catalog 2022→2023

　本項では2023年1月10日現在，日本国内で販売中のバスについて，外観，図面，諸元，さらにセグメントごとの位置づけや特徴などを紹介する。これらはいずれも，メーカーが販売する標準的な仕様である。今回掲載するバスは国産車13シリーズ，輸入車15車型である。

●2022年の国産バス動向

　2022年は夏の行楽シーズンを前に2020年初から続く新型コロナウイルスの感染拡大が一段落するとともに，多くの地域で行動制限が行われなかったこともあり，高速バス・空港連絡バスを含む乗合バスを中心に輸送人員が回復傾向を見せ始めた。そうした中で3月，日野自動車においてエンジン認証に関する不正行為が確認され，バス用エンジンも3機種で排出ガス値や燃費値の不正が確認された。これに伴い3月以降現在まで，対象エンジンが搭載されていたトヨタコースター／日野リエッセⅡ，日野セレガ／いすゞガーラ（各12m車）の販売が中止されており，輸送人員が回復傾向の中，新車需要に対応できない状態が続いている（詳細は別項）。

　一方，三菱ふそうといすゞは12月に相次いで改良を実施した。これらは重量車燃費基準の変更（別項），騒音規制値変更（国際基準導入）への対応などに併せて安全性向上・機能向上を図ったもので，三菱ふそうは大型路線車・エアロスターへのドライバー異常時対応システムEDSSの機能向上と，薄暮時に自動点灯するオートライトの採用，大型観光車・エアロクィーン／エアロエースへのオートライトおよびデイライトの採用を行った。またいすゞは大型路線車・エルガ，中型路線車・エルガミオのEDSSを自動検知式に改めるとともに，オートライトを装備，さらに客室内の吸排気性能を強化した。なおエルガミオはトランスミッションをトルコン式ATに集約した（統合モデルの日野ブルーリボン／レインボーは2023年1月末発売）。このほかの車種の改良ではトヨタSORAの強制換気装置の装備，トヨタハイエース，日産キャラバンの安全性や装備の充実などがあった。

●2022年の輸入バス動向

　Hyundai Mobility Japan（ヒョンデモビリティジャパン）は，仕様の簡素化により路線にも適したグレードとして2021年に追加したユニバース・ベーシックに，トルコン式ATを搭載したモデルを発売した。

現行市販バスの排出ガス規制の識別記号

区分	名称	1桁目		2桁目			3桁目		
		低排出ガス認定	識別記号	燃料	ハイブリッドの有無（重量車燃費基準達成または適用状況）	識別記号	用途	重量条件等	識別記号
平成28年規制		無	2	ガソリン・LPG	有	A	乗合，貨物	軽自動車	D
平成30年規制		無	3		無	B		GVW1.7トン以下	E
					有	C		GVW1.7トン超，3.5トン以下	F
					無	D		GVW3.5トン超	G
				軽油	有（達成・重量車）	J			
					無（達成・重量車）	K			
					有（5%達成・重量車）	N			
					無（5%達成・重量車）	P			
					有（10%達成・重量車）	Q			
					無（10%達成・重量車）	R			
					有（15%達成・重量車）	S			
					無（15%達成・重量車）	T			
				CNG	有	E			
					無	F			
				メタノール	有	G			
					無	H			
				ガソリン・電気／LPG・電気	有	L			
				軽油・電気	有	M			
				その他	有	Y			
					無	Z			

排出ガス規制識別記号が「2TG-」の場合，平成28年排出ガス規制適合で，かつ平成27年度重量車燃費基準＋15%を達成した，GVW3.5トン超のディーゼル車（ハイブリッドなし）を示す

From pages 26 to 58, we will introduce to you all of the bus models presently being offered on the Japanese domestic market, along with drawings and specifications. Being introduced are 13 domestic bus series and 15 imported models. As a result of the Covid-19 pandemic seeming to have settled down somewhat in 2022, the number of route bus passengers seemed to be recovering. But in March, Hino Motors revealed that there had been wrongdoings concerning the environmental performance and fuel consumption gauging of their engines, and suspended sales of large-size sightseeing buses and small-size buses that had been powered by these engines. As a result, they as a manufacturer were not able to meet the recovering demands. (Details on the right page). Both Mitsubishi Fuso and Isuzu revised their large-size buses in December, enhancing the safety features such as the updated EDSS and automatic head-lights. Automatic headlights were introduced in advance of the 2023 regulations. JH25 mode which is closer to the actual operational patterns has been introduced to gauge fuel consumption. Of the imported models, growth of electric buses such as BYD was prominent. EV Motors Japan which entered the market in 2021 has increased their line-up and have plans to construct a bus manufacturing factory in Japan.

平成28年排出ガス規制の内容

規制物質	平成28(2016)年規制	
	試験モード	規制値(g/kWh)
一酸化炭素(CO)	WHDC	2.22〈2.95〉
非メタン炭化水素(NMHC)		0.17〈0.23〉
窒素酸化物(NOx)		0.4〈0.7〉
粒子状物質(PM)		0.010〈0.013〉

●規制値欄のカッコ外は平均値，カッコ内は上限値
●平成28年規制から試験サイクル外（オフサイクル）の排出ガス性能維持のため，国連の場で策定された世界統一基準OCEによる測定方法と規制値を導入している

排出ガス規制の適用を受けない大型車の識別記号

1桁目		2桁目		3桁目	
識別記号		種別	識別記号	用途	識別記号
Z		電気	A	貨物	B
		燃料電池（圧縮水素）	B	乗合	C

輸入電気バスのうち，中国・BYDの日本法人BYDジャパンは，小型車J6を主体に販売台数を伸ばした。このJ6はコミュニティ系路線を中心に貸切バスにも採用され，新たな運行事業者として近鉄バス，知多乗合，広島交通などが名を連ねた。なおBYDジャパンは改良した電池を搭載するJ6と大型10.5m車・K8の次期モデルの2023年発売を予告している。

中国・揚州亜星（アジアスター）製の電気バスを「オノエンスターEV」の名で販売するアジアスタージャパン（オノエンジニアリング子会社）は，市販第2陣として埼玉県ときがわ町に7m車を5台納入した。

2021年に小型車F8シリーズ4で市場参入したEVモーターズ・ジャパンは，市販第1陣として同型車を那覇バスに2台納入するとともに，大型路線車F8シリーズ2を7月のバステクフォーラムで，中型観光車F8シリーズ6を11月のバステクin首都圏で各々発表した。なお同社は北九州市内に商用EVの組立工場の建設準備を進めている。

●バスに関する規制・基準など

1）平成28年排出ガス規制

GVW（車両総重量）3.5トン超のディーゼルバスが規制対応済みである。

2）平成30年排出ガス規制

GVW1.7トン超・3.5トン以下のバスが規制対応済みである。なお同規制はディーゼルとガソリンの双方に適用されるが，規制値は各々異なる。

3）排出ガス規制の適用を受けないバス

電気バスや燃料電池バスなど排出ガス規制の適用を受けないバスに関する排出ガス識別記号が設定されている。（別表）

4）輸入車への排出ガス規制の適用

バスの輸入車は国産車に準じた排出ガス規制が適用されている。この基準では型式認定を受けた車型，公的機関の排出ガス試験で規制値をクリアした車両のほか，国内の基準値に準じた環境性能を備えると認められた車両ならば販売・運行できる。現在，輸入バスで型式認定を受けているのは現代ユニバース1車種。これ以外の連節

Certification Wrongdoings Of Hino Motors: It was discovered that there had been wrongdoings in certification of 3 types of their engines that power their main models Profia heavy-duty trucks, S'elega large-size sightseeing buses, and Ranger medium-duty trucks concerning emission performance and fuel consumption gauging. Even though it was recealed that it is unclear whether there had been any wrongdoings, it was confirmed that the engines that power their Liesse II and its base model Toyota Coaster do not meet the fuel consumption standards. Delivery of these engines along with the models that are powered by them were immediately stopped, and their certifications have been revoked by the government. After further investigation, wrongdoings of their engines for construction machinery was also discovered. While the sales of S'elega (along with Isuzu Gala) and Liesse II (along with Toyota Coaster) were suspended, the sale of other models were also put on hold upon further investigations, but sales were resumed as no problems were found. Suspension of sales of Coaster, the foremost mass produced domestic bus, was costly for Toyota and the model is scheduled to be reintroduced in the spring of 2023 along with Liesse II powered by their own engines.

バス，2階建てバスは現行のユーロⅥ規制に適合しており，平成28年排出ガス規制値と同等の環境性能を備えると見なされている。

5）重量車の2025年度燃費基準

国土交通省と経済産業省はCO2の排出削減・省エネルギーを目的に，GVW3.5トン超のディーゼルバス・トラックを対象に「重量車燃費基準」を策定しており，平成28年排出ガス規制に適合した現行車の多くは平成27(2015)年度重量車燃費基準を達成している。バスの場合，GVW14トン超の路線車の目標値は4.23km/ℓ，同16トン超の観光車・高速車の目標値は3.57km/ℓである。

これに対してさらなるCO2削減・省エネ化を進めるため，2019年に新たな重量車燃費基準が公布された。新基準の目標年度は2025年度であるが，この施行に際して燃費値の表示が新試験法による「JH25モード」に移行する。また新試験法運用後の従来の燃費表示はこれまでの「重量車モード燃費」から「JH15モード」に変更される。JH25モードでは車両の空気抵抗やタイヤの転がり抵抗について従来の固定値から実測値に変更されるとともに，都市内走行と都市間走行の走行比率が走行実態の調査結果を反映した比率となる。バスの用途・GVW別の目標値は別表のとおりである。なお2022年に改良されたバスは既にJH25モードで燃費表示しているが，従来の燃費値（JH15モード）に対して減少あるいは増加が見られる車種がある。本項の諸元表では改良車型はJH25モード，従来車型は重量車燃費モードで表記する。

6）オートライトの義務化

薄暮時に自動点灯することでつけ忘れを防ぎ，事故防止につなげるオートライトは，乗用車の新型車（2020年4月）を端緒に装備が義務化され，バスおよびGVW3.5トン超のトラックの新型車は2021年4月から，継続生産車では2023年10月から義務化される。2022年に改良されたバスの多くはオートライトを新規採用した。

7）その他の規制

強化型衝突被害軽減ブレーキ，車両安定性制御装置，車線逸脱警報装置，高度なOBD（J-OBD-Ⅱ）の各装着については既に対象バス全車で実施済みである。各詳細は年鑑バスラマ2021→2022の本項を参照されたい。

●日野自動車のエンジン認証不正問題

日野自動車は2022年3月4日，日本市場向けエンジンの排出ガスおよび燃費に関する認証申請において不正行為があったと発表した。具体的には，中型車用A05C（HC-SCR）が排出ガス性能の劣化耐久試

JH25によるGVW3.5トン超のバスの新たな燃費基準（t=トン）

用途	路線バス		一般バス★	
区分	GVW範囲	目標燃費値(km/ℓ)	GVW範囲	目標燃費値(km/ℓ)
1	3.5t超〜8t以下	7.15	3.5t超〜6t以下	9.54
2	8t超〜10t以下	6.30	6t超〜8t以下	7.73
3	10t超〜12t以下	5.80	8t超〜10t以下	6.37
4	12t超〜14t以下	5.27	10t超〜12t以下	6.06
5	14t超〜	4.52	12t超〜14t以下	5.29
6			14t超〜16t以下	5.28
7			16t超〜	5.14

★一般バスとは客席シートベルトを備えるバス

現在販売が中止されている日野セレガ12m車

験で，大型車用A09CおよびE13Cは認証試験の燃費測定で，それぞれエンジン性能を偽る不正行為があったうえ，エンジン性能にも問題があったことが判明。また小型車用N04C（尿素SCR併用）は不正の有無は判明しないものの，燃費性能の諸元値を満たさないとされた。これらエンジンのうち中型車用はレンジャーに，大型車用2機種はプロフィアおよびセレガ12m車に搭載されていたが，いずれも該当エンジンおよび搭載車両の出荷が停止された。またセレガの統合モデルであるいすゞガーラも販売停止された。小型車用エンジンはリエッセⅡおよびベース車のトヨタコースターに搭載されていたが，両者はモデル改良の過渡期で出荷を一時停止していたため，改良車型の発売が延期された。

　この問題に対して国土交通省は3月下旬以降，該当エンジンの型式指定取り消しを行ったが，日野自動車では該当以外の全エンジン

にも調査範囲を広げた結果，建機などに搭載される産業用エンジンでも排出ガス性能の劣化耐久試験で不正があったことが確認された。バス用エンジンでも全機種の調査が行われ，その間，いすゞ製路線バス・ブルーリボン／レインボー以外の車型（いすゞが販売する統合モデルを含む）の販売が中断したが，ポンチョ以外は秋頃から順次販売を再開した。なおコースター／リエッセⅡについては，問題発覚以前から計画されていたトヨタ製エンジン搭載車が2023年春頃に発売される予定である。

●販売車型の動向

　今回掲載したバスは前年版に対して次のような動向が見られた。

〔新型車〕
○EVモーターズ・ジャパン F8シリーズ2　大型路線バス
○EVモーターズ・ジャパン F8シリーズ6　中型観光バス

〔改良〕
○日産キャラバンマイクロバス
○トヨタハイエースコミューター
○いすゞエルガミオ／日野レインボー
○いすゞエルガ／日野ブルーリボン
○三菱ふそうエアロスター
○三菱ふそうエアロクィーン／エアロエース

〔中断〕
○トヨタコースター／日野リエッセⅡ
○日野ポンチョ
○日野セレガ／いすゞガーラ（各12m車）

Specification（Example）諸元表の例

Model	車　　名		いすゞエルガミオ（LR）
Type	型　　式		2KG-LR290J5
Grade or Body type	床 形 状		ノンステップ　都市型
Door arrangement	扉 位 置		前中扉
Capacity	乗車定員	（人）	61
Overall length （mm）	全　　長	(mm)	8,990
Overall width （mm）	全　　幅	(mm)	2,300
Overall height （mm）	全　　高	(mm)	3,045
Wheelbase （mm）	ホイールベース	(mm)	4,400
Track width : front/rear (mm)	トレッド（前／後）	(mm)	1,945/1,695
Ground clearance （mm）	最低地上高	(mm)	125
Interior length （mm）	室内寸法（長）	(mm)	8,070
Interior width （mm）	〃　（幅）	(mm)	2,135
Interior height （mm）	〃　（高）	(mm)	2,405
Vehicle weight （kg）	車両重量	(kg)	8,020
GVW （kg）	車両総重量	(kg)	11,375
Min.turnning radius （m）	最小回転半径	(m)	7.6
Engine type	エンジン仕様		直4・TI付
Engine model	エンジン型式		4HK1-TCS
Displacement （cc）	総排気量	(cc)	5,193
Max.output in kW/rpm	最高出力　　　（kW/rpm）		154(210PS)/2,400
Max.torque in N・m/rpm	最大トルク（N・m/rpm）		706(72kgf・m)/1,400-1,600
Transmission	変速機		6速AT
Gear ratio ①/②	変 速 比　　①/②		3.486/1.864
③/④	③/④		1.409/1.000
⑤/⑥	⑤/⑥		0.749/0.652
Final gear ratio	終減速比		5.857
Fuel consumption （km/ℓ）	JH25モード燃費 （km/ℓ）		5.61
Steering type	ステアリング型式		インテグラル式パワーステアリング付
Suspension/front	サスペンション型式（前）		車軸式空気ばね
Suspension/rear	〃　　　（後）		車軸式空気ばね
Service brake	主ブレーキ		空気式
Auxiliary brake	補助ブレーキ		排気ブレーキ
Tire size	タイヤサイズ		245/70R19.5 136/134J
Fuel tank capacity	燃料タンク容量 （ℓ）		130

国内バスカタログの読み方

○本項は2023年1月10日現在，日本で販売されているバスについて，小型車，中型車，大型車（路線バス，観光バス，自家用バス）の順に掲載した。ただし電気バスはサイズを問わずメーカーごとに掲載した。

○OEM供給車はベース車型に包括し，統合モデルも1項目にまとめた。

○型式が多岐にわたるものや複雑なものは，型式一覧表を併載した。

○車種・車型によっては，仕様等を分類するための識別記号が型式に付されている場合があるが，本項では識別記号は省略した。

○エンジン出力・トルクはネット（車載状態）での測定値。またエンジンは特記以外ディーゼルである。

○本文の表記と諸元表における表記は一部異なる場合がある（例：エアサス→空気ばね）。

○AT：オートマチックトランスミッション，AMT：オートメーテッドマニュアルトランスミッション，MT：マニュアルトランスミッション，TI：ターボインタークーラー，EDSS：ドライバー異常時対応システム，OP：オプションの略。

○国産バスのボデー製造事業者は次のとおり（OEM車型を除く）

日野自動車・いすゞ自動車：ジェイ・バス

三菱ふそう：三菱ふそうバス製造（MFBM）

日産自動車：日産車体

トヨタ自動車：小型車はトヨタ車体（子会社の岐阜車体工業を含む），大型車はジェイ・バス

○販売価格例は特記外，10%税込価格である。

○各写真は解説の末尾に撮影者のイニシャル（104ページ参照）を記載した。それ以外の写真はメーカー・販売会社提供または編集部撮影。

［出力・トルクの換算］

● 出力：1PS＝0.735499kW
　　例：240PS×0.735499＝176.51976＝177kW

● トルク：1kgf・m＝9.80665N・m
　　例：75kgf・m×9.80665＝735.49875＝735N・m

日産キャラバン マイクロバス

Nissan Caravan Microbus: The small-size bus variant of Caravan commercial vehicle series for 14 passengers, with the present 5th generation being introduced in 2012. The diesel engine model was discontinued in 2021 and has been integratedinto gasoline powered model. 2WD and 4WD variants are offered, powered by 108kW engine coupled with 7-speed AT. The model is also being supplied to Isuzu as OEM. spec.: page 27

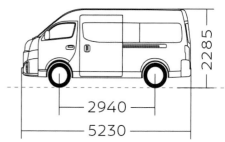

日産キャラバンマイクロバス（名鉄バス，Ya）

　キャラバン マイクロバスはワンボックス商用車・キャラバンシリーズにラインアップするバスで，現在のモデルは2012年に発売された５代目である（５代目の2021年までの車名は『NV350キャラバン』）。全長5.23m・全幅1.88mのスーパーロングボデー・ワイド・ハイルーフをベースに，５列14席のシートを装備する。また開口幅1,580mmのスライドドアや座面幅905mmのシートなど，優れた乗降性・居住性が特徴である。2021年10月，ガソリン車が平成30年規制に適合し車名を「キャラバン」に変更した際，マイクロバスもディーゼ

ル車を中止しガソリン車に集約するとともに，複数あったグレードをGXに統一するなどした。併せてフロントマスク一新，安全装備の充実，ATの５速→７速化などの改良を行った。また2022年７月には燃費の改善と装備の充実を図った。駆動方式は2WDと4WDで，排気量2.5ℓ・108kW（147PS）のQR25DE型ガソリンを搭載する。製造は日産車体。なおいすゞ自動車へのOEM供給車「コモ マイクロバス」は2022年に中止された。【販売価格例＝キャラバン マイクロバス4WD GX：377万4,100円】諸元表は右ページ

トヨタハイエース コミューター

Toyota HiAce Commuter: The 14 passenger small-size bus which is a member of Toyota HiAce commercial vehicle series. Both diesel and gasoline engines are offered, with 2WD and 4WD variants. All of the models are equipped with automatic transmissions. spec.: page 27

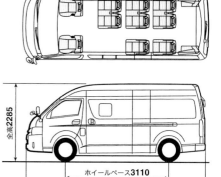

トヨタハイエースコミューター（新太田タクシー，Ya）

　ハイエース コミューターはワンボックス商用車・ハイエースのバスバージョンで，現行モデルは2005年発売の５代目である。全長5.38mのボデーは，スーパーロングバン・ワイドボデーと共用する。定員は14人で，最後列４席は両サイドに２席ずつ跳ね上げて荷物スペースにできるスペースアップシートである。
　駆動方式は2WD（ガソリン，ディーゼル）と4WD（ガソリン）で，ガソリンエンジンは排気量2.7ℓ・118kW（160PS）の2TR-FE型，ディーゼルエンジンは同2.8ℓ・111kW（151PS）の1GD-FTV型を搭載，

各々６速ATを組み合わせる。2021年８月にガソリン車，ディーゼル車とも平成30年排出ガス規制に適合，2022年４月にはディーゼル車の燃費改善により平成27年度燃費基準＋15％を達成，併せて踏み間違いによる事故軽減に寄与するパーキングサポートブレーキを標準装備した。製造はトヨタ車体である。【販売価格例＝ハイエース コミューター　DXディーゼル：373万5,600円】諸元表は右ページ

Toyota Coaster/Hino Liesse II: Coaster is a front-engined small-size bus introduced by Toyota in 1969, and can be found in approximately 110 countries and areas around the world. Since 1999, the model is being supplied to their subsidiary Hino as Liesse II, with all of the engines that power the present model (4th generation) introduced in 2016 being manufactured by Hino. But, it was learned that these engines were part of Hino's emission and fuel consumption cover-up that was discovered in 2022, so the sale of all of the models are presently being suspended as of the end of 2022. The model powered by Toyota's 1GD engine is scheduled to be released in the spring of 2023.

トヨタコースター　ロングボデー

　トヨタコースターは国内の小型バス市場で大きなシェアを誇るとともに，世界110の国・地域で使用されている量産バスである。その前身は1963年に発売されたトヨタライトバスで，1969年に初代コースターにフルモデルチェンジ。1982年に2代目，1992年に3代目となり，1996年からは日野自動車にリエッセⅡとしてOEM供給されている。2016年12月に4代目にフルモデルチェンジされ，環状骨格（フープ構造）ボデーの採用によりECE基準のR66（ロールオーバー性能）をクリアするとともに，全高約2.6mのハイルーフに統一された。エンジンは日野製N04C系2機種に集約，また乗用車と安全装備を共通化するためバッテリーを24Vから12Vに変更するとともにエアサスを中止した。ボデー長は6.99mのロングボデー，6.255mの標準ボデー（リエッセⅡはショートボデー）のほか，2019年には

平成28年規制適合を機に超ロングボデー（同・スーパーロングボデー）を追加した。

　2022年春に公表された日野のエンジン認証不正問題（24ページ）でN04C系が該当機種に含まれていたことに伴い，コースター／リエッセⅡとも同時期に予定されていた改良を見送るとともに，全車型の販売を中止したが，同年10月，トヨタ製1GD系エンジンを搭載する一部車型を2023年3月頃に発売することが予告された。また日野自動車ではN04C系は必要な燃費改良の目途が立たないため再登載はせず，代替措置を検討中としている。

日産キャラバン／トヨタハイエース（26ページ記載）の主要諸元

車　　名		日産キャラバンマイクロバス		トヨタ ハイエースコミューター		
型　　式		3BF-DS4E26	3BF-DS8E26	3DF-GHD223B	3BF-TRH223B	3BF-TRH228B
仕　　様		GX 2WD	GX 4WD	GL 2WD	DX 2WD	GL 4WD
乗車定員	(人)	14	14	14	14	14
全　　長	(mm)	5,230	5,230	5,380	5,380	5,380
全　　幅	(mm)	1,880	1,880	1,880	1,880	1,880
全　　高	(mm)	2,285	2,285	2,285	2,285	2,285
ホイールベース	(mm)	2,940	2,940	3,110	3,110	3,110
トレッド(前)／(後)	(mm)	1,660/1635	1,655/1635	1,655/1650	1,655/1650	1,655/1650
最低地上高	(mm)	170	170	185	185	175
室内寸法(長)	(mm)	4,245	4,245	4,250	4,250	4,250
〃 (幅)	(mm)	1,730	1,730	1,695	1,730	1,695
〃 (高)	(mm)	1,565	1,565	1,565	1,565	1,565
車両重量	(kg)	2,150	2,260	2,240	2,070	2,200
車両総重量	(kg)	2,920	3,030	3,010	2,840	2,970
最小回転半径	(m)	6.0	6.0	6.1	6.1	6.3
エンジン仕様		ガソリン直4		直4・TI付	ガソリン直4	
エンジン型式		QR25DE		1GD-FTV	2TR-FE	
総排気量	(cc)	2,488		2,754	2,693	
最高出力	(kW/rpm)	108(147PS)/5,600		111(151PS)/3,600	118(160PS)/5,200	
最大トルク	(N·m/rpm)	213(21.7kgf·m)/4,400		300(30.6kgf·m)/1,000～3,400	243(24.8kgf·m)/4,000	
変 速 機		7速AT		6速AT		
変 速 比 ①/②		4.873/3.102		3.600/2.090		
③/④		1.984/1.371		1.488/1.000		
⑤/⑥/⑦		1.000/0.870/0.775		0.687/0.580/—		
終減速比		3.181	3.700	4.100	4.875	
WLTCモード燃費	(km/ℓ)	8.0	7.5	11.3	8.0	8.1
ステアリング型式		ラック＆ピニオン，パワーステアリング付		ラック＆ピニオン，パワーステアリング付		
サスペンション型式 (前)		独立懸架式トーションバー		独立懸架式トーションバー		
(後)		車軸式板ばね		車軸式板ばね		
主ブレーキ		ディスク／ドラム		ディスク／ドラム		
タイヤサイズ (前)		195/80R15 107/105NLT		195/80R15 107/105NLT		
(後)		195/80R15 107/105NLT		195/80R15 107/105NLT		

三菱ふそうローザ4WD
2RG-BG740G
（松島町，AN）

ローザは1960年にデビューした小型バスで，現行モデルは1997年登場の5代目にあたる。ボデー長は6.99mのロングボデー，6.245mのショートボデー，7.73mのスーパーロングの3種類，また駆動方式は2WDおよび，フルタイム方式を採用するクラス唯一の4WD（ロングボデーのみ）を設定する。

2018年には5代目登場以来の大幅なフェイスリフトにより，ヘッドランプを丸型4灯式から異形2灯式に変更，翌2019年には平成28年規制に適合するとともに，総輪ディスクブレーキ，衝突被害軽減ブレーキ，車両安定性制御装置，車線逸脱警報装置，坂道発進補助装置を採用し安全性を向上。併せてダッシュボードのデザイン変更とインパネシフトおよびレバー式パーキングブレーキの採用，一部グレードへのLEDヘッドランプ採用などを行った。さらに2021年にはLEDリヤランプ，オートライト，デイタイムランニングライトの採用やテレマティクス機能「バスコネクト」サービスに対応した通信端末の装備，外装色の一部変更などを行い現在に至っている。

エンジンはフィアット・パワートレーン・テクノロジー（FPT）

ローザ型式一覧

スーパーロング	ロング	ロング4WD	ショート
2RG-BE740J	2RG-BE740G	2RG-BG740G	2RG-BE740E

三菱ふそうローザ（5代目）の略歴〈2007年以降〉

2007.7	平成17年規制に適合《PDG-》
2011.8	平成22年規制に適合《SKG-》，ショートボデーと4WDを中止，エンジン一新，ATをトルコン式からDUONICに変更，安全装備を充実，新保安基準に適合
2013.4	平成27年度燃費基準達成《TPG-/TRG-/TTG-》，ショートボデー再発売
2015.4	スーパーロングの一部が新エコカー減税対応《TTG-》
2015.11	4WD再発売《TPG-》
2018.10	フロントマスク一新
2019.10	平成28年規制適合，各部改良《2RG-》
2021.8	リヤランプLED化，バスコネクト対応など改良

と共同開発した排気量3ℓの4P10型ディーゼルで，出力129kW（175PS）または110kW（150PS，4WD専用）を搭載する。トランスミッションはデュアルクラッチ方式の6速AMT "DUONIC（デュオニック）

三菱ふそうローザ ロングボデー
スイング扉仕様 2RG-BE740G
（オーワ，Ya）

Mitsubishi Fuso Rosa: The small-size bus that debuted in 1997 is the 5th generation of the model that was the first introduced in 1960. Based on the body with the overall length of 7m, 3 body lengths including 6.5m and 7.7m are being offered. The drive systems are 2WD and 4WD, the only model of its class. The present engine manufactured by FPT produces 129kW and 110kW, and is combined with either 6-speed AMT. The model continues to receive upgrades, with a completely new front end design in 2018, conforming to 2016 emission regulations and completely new operation system in 2019, along with enhanced safety and introduction of Busconnect in 2021.

↑メーカーが提案する特別仕様の車内例，乗客定員14
人・後部荷物室付の観光タイプ
➡ローザ ロングボデー 路線仕様 2RG-BE740G

2.0"および，2WDにのみ設定される5速MTがある。サスペンションは前輪：独立懸架式，後輪：リーフである。

　安全面では全正席にELR3点式シートベルトを備える。グレードはエコラインとプロラインを基本に，パッケージオプションのプレミアム（スイング扉仕様）も用意される。また幼児車，路線仕様車，チェアデッキ（車椅子用リフト付），さらに5種類の内装が用意される観光仕様車などが設定されている。
【販売価格例＝ローザ ロングボデー・2WD・6速AMT，プロライン，定員29人：785万8,000円】

ローザ ショートボデー 路線仕様 2RG-BE740E
路線仕様は二次架装により仕上げられ，装備品を含めて多彩なニーズに対応する
（名鉄バス，Ya）

ローザ ロングボデー

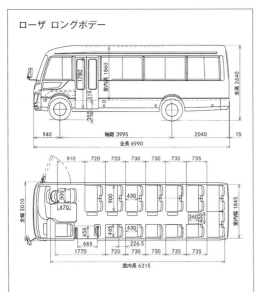

ローザ スーパーロング

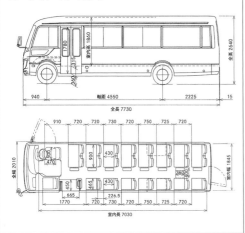

■諸元表

車　　名		三菱ふそうローザ			
型　　式		2RG-BE740J	2RG-BE740G	2RG-BG740G	2RG-BE740E
仕　　様		スーパーロング	ロング	ロング4WD	ショート
乗車定員	(人)	33	29	29	25
全　　長	(mm)	7,730	6,990	6,990	6,245
全　　幅	(mm)	2,010	2,010	2,010	2,010
全　　高	(mm)	2,640	2,640	2,690	2,630
ホイールベース	(mm)	4,550	3,995	3,995	3,490
トレッド（前）／（後）	(mm)	1,655/1,495	1,655/1,495	1,655/1,495	1,655/1,495
最低地上高	(mm)	175	175	175	175
室内寸法（長）	(mm)	7,030	6,315	6,315	5,570
〃　（幅）	(mm)	1,845	1,845	1,845	1,845
〃　（高）	(mm)	1,860	1,860	1,860	1,860
車両重量	(kg)	4,100	3,910	4,060	3,370
車両総重量	(kg)	5,915	5,505	5,655	5,045
最小回転半径	(m)	7.1	6.3	7.4	5.6
エンジン仕様		直4・TI付			
エンジン型式		4P10(T6)		4P10(T4)	4P10(T6)
総排気量	(cc)	2,998			
最高出力	(kW/rpm)	129(175PS)/2,860		110(150PS)/2,440	129(175PS)/2,860
最大トルク	(N·m/rpm)	430(43.8kgf·m)/1,600〜2,860			
変速機		5速MT	6速AMT		
変速比	①/②	5.494/3.038	5.397/3.788		
	③/④	1.592/1.000	2.310/1.474		
	⑤/⑥	0.723/—	1.000/0.701		
終減速比		4.875			
JH25モード燃費	(km/ℓ)	9.55	9.64	9.63	9.64
ステアリング型式		ラック＆ピニオン，パワーステアリング付			
サスペンション型式（前）		独立懸架式コイルばね		独立懸架式トーションバー	独立懸架式コイルばね
〃　　　（後）		車軸式板ばね			
主ブレーキ		前後ディスク　油圧真空倍力装置付			
補助ブレーキ		排気ブレーキ			
タイヤサイズ（前／後）		205/80R16			
燃料タンク容量	(ℓ)	100		70	100

小型路線車　日野ポンチョ〈販売中断中〉

Hino Poncho: The rear engine, small-size non-step bus introduced in 2004. With L4, 132kW traverse engine, the fully flat floor with the floor height of 310mm has been realized by utilizing angular drive. The longer model with overall length of 7m and the shorter model with 6.3m are offered. EV variant was developed in 2012, but had been restricted to experimental operations. Poncho Z EV, OEM of BYD, is scheduled to be introduced in the spring of 2023.

日野ポンチョ・ロング２ドア
2DG-HX9JLCE
（北海道中央バス，Nk）

　ポンチョは2002年に初代が発売された小型ノンステップバスで，現在のモデルは2006年に発売された２代目である。

　初代ポンチョはフロントエンジン・前輪駆動の輸入商用車がベースで，室内全長にわたるフルフラットノンステップフロアを特徴としていたが，２代目は初代の大きな特徴であった優れた乗降性を引き継ぎ，国産コンポーネントによるリヤエンジンレイアウトで登場した。製品化に際しては1995〜2011年に販売された観光・路線・自家用の小型リヤエンジンバス・リエッセのボデーをベースに，直４エンジンを横置き搭載，アングルドライブを介してプロペラシャフトと結んでいる。これによりホイールベース間に段差のない，床面地上高310mmのノンステップフロアを実現している。

　現行モデルは2017年12月に発売された平成28年排出ガス規制適合車で，直４で132kW（180PS）を発生するJ05E〈J5-Ⅵ〉型エンジンと５速ATを組み合わせる。また排出ガス後処理装置に尿素SCRシステムを採用する。2019年には高度OBDに対応した。

日野ポンチョ（２代目）の略歴	
2004.11	東京モーターショーにコンセプトモデル"ポンチョL"展示
2006. 6	２代目"ポンチョ"ロング／ショート発売．平成17年規制適合車《ADG-》
2007. 6	AT車を追加《ADG-》
2007. 7	低排出ガス重量車に適合《BDG-》
2008.10	ロングに１ドア車追加．ロング１ドア車とショートに座席数重視型レイアウト設定
2011. 8	平成22年規制に適合《SKG-／SDG-》
2012. 3	ピュア電気バスのポンチョEV，営業運行開始
2012. 4	新保安基準・新ワンマンバス構造要件に適合
2017.12	平成28年規制に適合《2DG-》，AT車に集約
2019. 6	高度OBDに対応

　ボデーバリエーションは全長７mの「ロング」が２ドアと１ドアの２種類，全長6.3mの「ショート」が１ドアのみの，基本計３種類。また車内仕様は都市型（前向き，横向き，左側前向き・右側横向き）と郊外型（全席前向きで右側２人がけ・左側１人がけ）が設定される。全車にLED式室内灯を標準装備，フォグランプ，ハイマウントストップランプ，吊革，乗降中表示灯などを各々オプション設定する。製造はジェイ・バス小松工場が行う。なお2017年からはオーストラリアへの輸出が開始された。

　なお2022年は日野のエンジン認証不正問題に伴い，搭載エンジンの排出ガス規制適合などの確認のため販売を一時中止しており，2023年１月10日現在，販売再

日野ポンチョ・ロング１ドア
2DG-HX9JLCE（浜松バス，Ya）

日野ポンチョ・ショート　2DG-HX9JHCE（北九西鉄タクシー，TM）　　　　2023年発売予定の電気バス，日野ポンチョZ（ズィー）EV

ポンチョの車内例
❶ロング2ドア・都市型の全席前向き仕様．このほか左側が横向きの仕様もある
❷ロング1ドア・郊外型．座席数を重視した2＋1仕様
❸ショート・都市型

開はされていない。

　このほかボデーメーカーのジェイ・バスではレトロなスタイリングを演出するコンバージョンキット「ルートンジュニア」を同社の二次架装商品として用意，後改造にも対応する。また同社では感染症対策用品として，ポンチョ専用の運転席飛沫防止パネル（Hポール追加型，使用過程車にも対応）などを発売している。

　2012～2013年には日野自動車が開発した電気バス「ポンチョEV」が限定販売の扱いで，東京都内と石川県内のコミュニティバスに計3台導入されたが，市販のポンチョと同等の定員を確保するため搭載するバッテリーの容量が限られ，一充電あたりの航続距離は8～10km程度と短く，急速充電を前提とした。これらは既に全車引退しているが，日野自動車ではこれに代わる小型電気バス「ポンチョZ

EV」を，提携先の中国BYDからのOEMにより市場導入する予定で，2023年春の発売を目指して準備が進められている。

■諸元表（販売中断前の数値）

車　名		日野ポンチョ		
型　式		2DG-HX9JLCE	2DG-HX9JLCE	2DG-HX9JHCE
ボデータイプ・扉位置		ロング・中後扉	ロング・中扉	ショート・中扉
仕　様		ノンステップ都市型	ノンステップ郊外型	ノンステップ都市型
乗車定員	（人）	36	33	29
全　長	（mm）	6,990	6,990	6,290
全　幅	（mm）	2,080	2,080	2,080
全　高	（mm）	3,100	3,100	3,100
ホイールベース	（mm）	4,825	4,825	4,125
トレッド（前／後）	（mm）	1,720/1,575	1,720/1,575	1,720/1,575
最低地上高	（mm）	165	165	165
室内寸法（長）	（mm）	5,600	5,600	4,900
〃　（幅）	（mm）	1,930	1,930	1,930
〃　（高）	（mm）	2,440	2,440	2,440
車両重量	（kg）	5,860	5,850	5,620
車両総重量	（kg）	7,840	7,665	7,215
最小回転半径	（m）	7.7	7.7	6.7
エンジン仕様		直4・TI付		
エンジン型式		J05E〈J5-Ⅵ〉		
総排気量	（cc）	5,123		
最高出力	（kW/rpm）	132（180PS）/2,500		
最大トルク	（N·m/rpm）	530（54kgf·m）/1,500		
変 速 比	①/②	3.463/2.024		
	③/④	1.476/1.000		
	⑤	0.807（以上AT標準）		
終減速比		4.333		
重量車モード燃費	（km/ℓ）	6.50		
ステアリング型式		インテグラル式パワーステアリング付		
サスペンション型式		車軸式空気ばね（板ばね併用）		
主ブレーキ		空気油圧複合式		
補助ブレーキ		排気ブレーキ		
タイヤサイズ		205/80R17.5		
燃料タンク容量	（ℓ）	100		

ロング2ドア　都市型・前向き　2DG-HX9JLCE

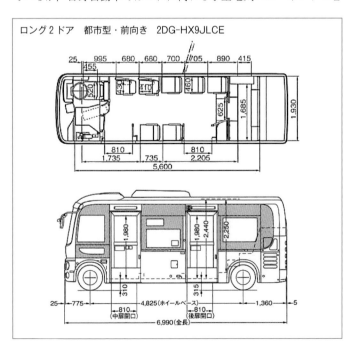

日野メルファ
ロイヤルサルーン
2DG-RR2AJDA

日野メルファは1999年に，先代のレインボーRR／RJをフルモデルチェンジして登場した中型観光・自家用バスで，2004年にはいすゞとの統合モデルになり，ガーラミオとしても販売されている。両車とも2017年に平成28年排出ガス規制に適合，2019年には高度OBDへの対応などを図り，さらに2021年には安全装備を充実させた。製造はジェイ・バス小松工場が行う。

現行モデルは日野メルファ，いすゞガーラミオとも日野製の直列4気筒・排気量5.1ℓのA05C〈A5-Ⅷ〉型エンジンを搭載する。このエンジンは最高出力162kW（220PS），最大トルク794N・m（81kgf・m）を発生し，平成22年規制の時代に搭載していた直列5気筒・排気量6.4ℓのJ07E型に対して，出力はほぼ同等，トルクはより大きい。トランスミッションは全車に日野製の6速AMT"Pro Shift"を組み合わせ，運転操作性の向上と適切な変速による燃費低減，さらにイージードライブにつなげている。排出ガス後処理装置には尿素SCR

日野メルファ／いすゞガーラミオの略歴	
1999. 3	"メルファ9"発売．ホイールベース2種類，全高2種類．平成10年規制適合車《KK-》
1999. 6	初代"ガーラミオ"発売．ホイールベース2種類．平成10年規制適合車《KK-》
2004. 8	メルファ9，平成15年規制に適合《PB-》．7m車メルファ7の中止で"メルファ"に改称の上，全高3mの長尺車に集約．ガーラミオはメルファの統合モデルとなり2代目に移行《PB-》
2007. 7	平成17年規制に適合《BDG-》
2011. 7	平成22年規制に適合《SDG-》
2012. 5	新保安基準に対応
2015	メルファ プラグインハイブリッド限定発売（2017年中止）
2017. 7	平成28年規制に適合，全車AMT化《2DG-》
2019. 6	高度OBDに対応
2021. 9	EDSS，オートライトなど安全装備を拡充

システムを採用する。

グレードはメルファが上からロイヤルサルーン／スーパーデラッ

日野メルファ デラックス
2DG-RR2AJDA
（立山市／アルペン交通）

↑ジェイ・バスが特別支援学校スクールバス向けに設定する，扉一体型リフト車．日野メルファ／いすゞガーラミオの特装用胴殻車をベースに，和光工業製リフトをライン装着する．車椅子利用者の乗車数は1～6人の6パターンが用意される
◤最上級グレードの日野メルファロイヤルサルーン／いすゞガーラミオM-Ⅲの車内

クス／デラックス，ガーラミオが上からM-Ⅲ／M-Ⅱ／M-Ⅰの各3種類．最上級グレードはいずれもシート部段上げ・スイング扉，リクライニングシート8列＋乗務員2の定員35人．中間グレードはシート部段上げ・折戸，リクライニングシート9列＋補助席5＋乗務員1の定員43人．下位グレードは平床・折戸，固定シート9列＋補助席8＋乗務員1の定員46人が標準である．最上級グレードはAV機器・冷蔵庫などを，上位2グレードには2スパン左右貫通トランクルームを標準装備する．このほか車椅子用リフト付バスなどに適した二次架装向けの特装用ベース車（胴殻車）が設定されるとともに，ジェイ・バスでは中扉一体型リフト（和光工業製）を製造ラインで装着し，納期短縮とコスト低減につなげた仕様も用意している．

装備面では坂道発進補助装置を標準装備するとともに，ディスチャージヘッドランプ，車高調整機能，客室内強制排気装置エキゾースター，LED式客室エントランスランプ（上位2グレード）などをオプション設定する．運転席周りではメータークラスターにユニバーサルデザインを採り入れ視認性を高めるとともに，マルチインフォメーションディスプレイを組み込んでいる．また冷房装置は外気導入なしが標準，外気導入付がオプションである．2021年の改良では，衝突被害軽減ブレーキ（歩行者・自転車検知型），車両安定性制御システム，車線逸脱警報，オートヘッドランプ／オートハイビーム，さらにドライバー異常時対応システムEDSSなど各種安全装備を標準で採用した．このほかジェイ・バスでは専用の感染症対策用品として，運転席飛沫防止パネル・カーテン，消毒液ボトル取付金具などを発売しており，使用過程車にも対応する．

なお2022年は日野自動車のエンジン認証不正問題に伴い，排出ガス規制に適合しない可能性があったA05Cエンジンを搭載するメルファ／ガーラミオは一時販売を中止したが，その後適合が確認されたため，同年秋から両車種とも販売を再開している．
【販売価格例＝メルファロイヤルサルーン・定員35人：2,312万7,500円．ガーラミオM-Ⅰ・定員45人：1,850万7,500円】

Hino Melpha/Isuzu Gala Mio: Melpha is the medium-size bus for private and sightseeing introduced in 1999 by Hino. The model became consolidated with Isuzu's in 2004. Both models offer 3 grades. The engine has been changed from L6 to L4 in 2017. At the same time, both MT and AT have been discontinued and only 6-speed AMT (Hino Pro Shift) is presently being offered. Along with adding Emergency Driving Stop System (EDSS) in 2021, the model received various refinements.

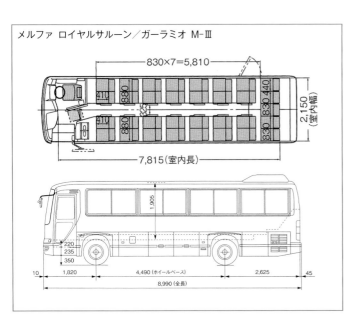

メルファ ロイヤルサルーン／ガーラミオ M-Ⅲ

830×7＝5,810
7,815（室内長）
2,150（室内幅）
410 880 880 410
830 830 830 440
1,905
220 235 350
10 1,820 4,490（ホイールベース） 2,625 45
8,990（全長）

■諸元表

車　名	日野メルファ／いすゞガーラミオ		
型　式	2DG-RR2AJDA／2DG-RR2AJDJ		
扉位置	前扉	前扉	前扉
仕　様	ロイヤルサルーン／M-Ⅲ	スーパーデラックス／M-Ⅱ	デラックス／M-Ⅰ
乗車定員　（人）	35	41	45
全　長　（mm）	8,990	8,990	8,990
全　幅　（mm）	2,340	2,340	2,340
全　高　（mm）	3,035	3,035	3,035
ホイールベース（mm）	4,490	4,490	4,490
トレッド（前／後）（mm）	1,905/1,725	1,905/1,725	1,905/1,725
室内寸法（長）（mm）	7,815	7,815	7,770
〃　（幅）（mm）	2,150	2,150	2,150
〃　（高）（mm）	1,905	1,905	1,905
車両重量　（kg）	7,715	7,665	7,340
車両総重量（kg）	9,640	9,920	9,815
最小回転半径（m）	7.4	7.4	7.4
エンジン仕様	直4・TI付		
エンジン型式	A05C〈A5-Ⅷ〉		
総排気量　（cc）	5,123		
最高出力（kW/rpm）	162（220PS）/2,000		
最大トルク（N·m/rpm）	794（81kgf·m）/1,500		
変速比　①/②	6.098/3.858		
③/④	2.340/1.422		
⑤/⑥	1.000/0.744（以上AMT標準）		
終減速比	5.672		
重量車モード燃費（km/ℓ）	6.10		
ステアリング型式	インテグラル式パワーステアリング付		
サスペンション型式（前）	車軸式空気ばね（板ばね併用）		
〃　　　（後）	車軸式空気ばね（板ばね併用）		
主ブレーキ	空気油圧複合式		
補助ブレーキ	排気ブレーキ		
タイヤサイズ	9R19.5 14PR		
燃料タンク容量（ℓ）	190		

いすゞエルガミオ／日野レインボー

いすゞエルガミオ　2KG-LR290J4（一畑バス，Md）

いすゞエルガミオは1999年に先代LRをフルモデルチェンジして発売された中型路線車で，2004年には日野にレインボーⅡ（型式KR）としてOEM供給を開始，2007年から2社の統合モデルとなった。両車種とも2016年にフルモデルチェンジを行い，その前年に発売された大型路線車・いすゞエルガ／日野ブルーリボンとモジュール設計されたボデーに一新するとともに，日野KRは「レインボー」に改称された。両者とも異形2灯式ヘッドランプ採用のフロントマスク，前中扉間ノンステップへの集約，燃料タンクの前輪タイヤハウス後部設置とノンステップフロアの拡大，反転式スロープ板の採用など各部の仕様やデザインなどは共通化されており，2015年ノンステップバス標準仕様に適合している。車内仕様は大型車に準じて都市型・ラッシュ型・郊外Ⅰ型・郊外Ⅱ型を設定する。このほか寒冷地向けに右床下置き燃料タンク仕様があり，座席数をより多くとりたいニーズにも適している。製造はジェイ・バス宇都宮工場が行

2代目エルガミオ／レインボーの略歴	
2016.4	2代目エルガミオ発売，ノンステップのAMT車に集約．レインボーⅡはレインボーに改称《SKG-，型式末尾2》
2017.8	平成28年規制に適合《2KG-，型式末尾3》
2019.6	EDSS，BOAなど装備，高度OBDに対応（型式末尾4）
2020.6	AT車追加
2022.12	AMT車中止．自動検知式EDSSの採用など改良（型式末尾5）

う。

現行モデルは2017年に発売された平成28年排出ガス規制適合車で，2019年にはドライバー異常時対応システムEDSSを標準装備，2020年にAT車を追加，2022年12月にフルモデルチェンジ以降の標準トランスミッションであったAMTを中止するとともに，自動検知式EDSSの採用など安全装備の拡充を図った（日野は2023年1月末改良）。

エンジンはエルガミオ／レインボーとも直4・排気量5.2ℓのいすゞ4HK1-TCS型を搭載する。このエンジンは新VGSシングルターボの採用により過給率を高めるとともに環境性能・燃

Isuzu ErgaMio (LR)/Hino Rainbow (KR): Isuzu Erga-Mio is the medium-size route bus with the previous generation of LR receiving a complete model change in 1999. The present styling was introduced in 2016, with the model being integrated into low-entry variants. Hino Rainbow is the sister model of Erga-Mio which was born as a result of the unification of bus manufacturing between Isuzu and Hino. Along with the large-size bus Erga, body manufactured by J-Bus has a modular design and is powered by Isu-zu's 4 cylinder engine. In December of 2022, AMT was discontinued and integrated to Allison's AT, and safety features were enhanced with the introduction of automatic detention EDSS system.

いすゞエルガミオ　2KG-LR290J4
（三重交通，YM）
〈各外観写真は型式変更前の2022年式〉

郊外Ⅰ型の車内例（群馬バス）

➡2022年12月発売の最新モデル（型式末尾5）で採用された自動検知式EDSSの機能を司るドライバーステータスモニター（DSM）のカメラのイメージ．カメラは右側Aピラーに装着され，運転中のドライバーの状態をモニタリング．居眠り・脇見などを検知するとシートバイブレーターの作動で警告する．姿勢崩れの場合はシートバイブレーターと赤色LEDで注意喚起，それでも応答が見られない場合はEDSS作動〜車両停止を行う

⬅最新モデル（型式末尾5）では換気扇の吸気性能のアップとともに，ノンステップフロア部に排気用のエアアウトレットグリル（4カ所）を新設することで吸排気双方の能力を上げ，窓開けに頼らない換気性能を確保した

費性能を改善，最高出力154kW（210PS），最大トルク706N・m（72kgf・m）を発生する．トランスミッションはアリソン製の6速ATで，中扉開時にクリープ状態を完全になくすため，アクセルインターロック，動力カット，オートニュートラルブレーキホールドの各機能で安全性を確保している．またモメンタリースイッチ（エンジン再始動時にアイドリングストップ＆スタートシステムが有効な設定になる装置）の採用で，平成27年度燃費基準を達成している．シフトマップは標準1種類，オプション1種類（燃費重視）を設定する．

このほかブレーキはフルエアを採用，冷房機器はデンソー製パッケージクーラーを標準装備する．安全面・機能面の装備としてEDSS，ブレーキとアクセルを同時に踏んだ場合にエンジン出力を制御しブレーキを優先するBOA（ブレーキ・オーバーライド・アクセラレーター），LED式ヘッドランプ，テールランプ，車内・車外照明などを採用する．

2022年12月の改良ではEDSSを自動検知式に改め，ピラーに装着したカメラでドライバーの状況をモニターするとともに，脇見や居眠りを検知した場合，運転席シートのバイブレーター作動によりドライバーに警告，ドライバーが倒れ込むなど運転姿勢を変化させた場合は警告〜車両停止を図るシステムとした．また今後の法規制を先取りし，オートライトとバックモニターを標準装備した．さらに感染症対策として乗客が直接ふれる握り棒などに抗菌化仕様を標準採用するとともに，一部座席の足元にエアアウトレットグリルを設置し，換気性能を高めた．

【販売価格例＝日野レインボー・都市型：2,587万7,500円】

いすゞエルガミオ／日野レインボー

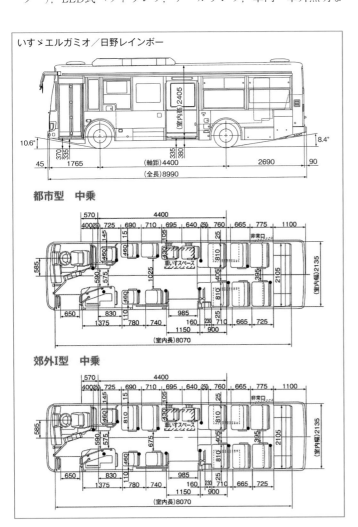

■諸元表

車　名		いすゞエルガミオ（LR）／日野レインボー（KR）
型　式		2KG-LR290J5／2KG-KR290J5
床形状		ノンステップ　都市型
扉位置		前中扉
乗車定員	（人）	61
全　長	(mm)	8,990
全　幅	(mm)	2,300
全　高	(mm)	3,045
ホイールベース	(mm)	4,400
トレッド（前／後）	(mm)	1,945／1,695
最低地上高	(mm)	125
室内寸法（長）	(mm)	8,070
〃　（幅）	(mm)	2,135
〃　（高）	(mm)	2,405
車両重量	(kg)	8,020
車両総重量	(kg)	11,375
最小回転半径	(m)	7.6
エンジン仕様		直4・TI付
エンジン型式		4HK1-TCS
総排気量	(cc)	5,193
最高出力	(kW／rpm)	154（210PS）／2,400
最大トルク	(N・m／rpm)	706（72kgf・m）／1,400-1,600
変速機		6速AT
変速比	①／②	3.486／1.864
	③／④	1.409／1.000
	⑤／⑥	0.749／0.652
終減速比		5.857
JH25モード燃費	(km／ℓ)	5.61
ステアリング型式		インテグラル式パワーステアリング付
サスペンション型式	（前）	車軸式空気ばね
	（後）	車軸式空気ばね
主ブレーキ		空気式
補助ブレーキ		排気ブレーキ
タイヤサイズ		245/70R19.5 136/134J
燃料タンク容量	(ℓ)	130

いすゞエルガ／日野ブルーリボン

いすゞエルガ　2TG-LV290Q3（熊野御坊南海バス，Sk）

　いすゞエルガ（LV）／日野ブルーリボン（KV）はジェイ・バス宇都宮工場で完成する大型路線バスで，前身はいすゞが2000年に発売した初代エルガである。2004年からブルーリボンIIの名で日野にOEM供給が開始され，2005年に統合モデルとなった。2015年に両車フルモデルチェンジ，その際ノンステップに集約するとともに日野は「ブルーリボン」と改称した。スタイリングは異形2灯式ヘッドランプを含めて両者共通である。フルモデルチェンジ以降，数度の改良が行われ，直近の改良は2022年12月（日野は2023年1月末）である。

　ボデーは短尺車がホイールベース5.3m，長尺車が同6mで，先代に対しては500〜700mm延長することでノンステップフロアを拡大，長尺車は先代の長尺ワンステップ車並みの収容力を確保している。また前後オーバーハングの短縮とアプローチアングル・デパーチャアングルの拡大でワンステップ車並みの走破性を確保した。このほか燃料タンクを樹脂化し前輪タイヤハウス後方（標準は左側，オプションで右側）に設置することでノンステップフロアの段上げを解消，優先席の前向き化などにより通路幅の拡大も実現した。車内レイアウトは都市型，ラッシュ型，郊外I型，郊外II型が各々標準。

ほかに寒冷地向けで右床下置き燃料タンク仕様があり，座席数をより多くとりたいニーズにも適している。車椅子乗降用に反転式スロープ板を中扉部に標準装備する。

　エンジンは燃費・環境性能の改善，小型・軽量化を目的に大型バス初の直列4気筒を搭載，2017年に平成28年規制に適合した。現行のエンジンは排気量5.2ℓのいすゞ4HK1-TCH型で，最高出力177kW（240PS），最大トルク735N・m（75kgf・m）を発生。2ステージターボにより低速域から中・高速域までの高過給で運転性能を確保する。排出ガス後処理装置はDPD，尿素SCRシステムを併用する。トランスミッションはいすゞ製6速AMTとアリソン製6速ATの2種類で，全車2ペダル化されている。このうちAMTは微速走行にも適したクリープ機能も持つとともに手動変速も可能で，オートニュートラル（扉の開閉操作により動力の断接を自動で行う機構）を装備，永久磁石式リターダをオプション設定する。またATは標準仕様と燃費重視型の2種類のシフトマップを用意，オプションでAT内蔵式の流体式リターダを設定する。2020年には全車が平成27年度重量車燃費基準を達成したが，これはAT車へのモメンタリースイッチ

いすゞエルガ　2RG-LV290Q3（ジェイ・アール北海道バス，Nk）

いすゞエルガ　2KG-LV290N3（南海バス，Sz）

いすゞエルガ／日野ブルーリボン　N尺都市型の車内例

Isuzu Erga (LV)/Hino Blue Ribbon (KV): Second generation model of Isuzu Erga large-size city bus was introduced in 2015. Wheelbase variants are 5.3m and 6m. The model can be characterized for its wide low floor area owing to its lengthened wheelbase. The engine has been changed from L6 to 5.2 liter L4. MT has been discontinued, with both Isuzu's 6-speed AMT and Allison's 6-sped AT being offered. Blue Ribbon is the same as the Erga and is being offered by Hino, with same variants. The models passed the 2016 emission regulations in 2017. They also offer a low entry transfer bus with the front door layout which can be fitted with the maximum of 12 rows of seats. (refer to page54)

〈左ページの外観写真は型式変更前の2022年式〉

（エンジン再始動時にアイドリングストップ＆スタートシステムが有効な設定になる装置）の採用による。

　安全性・機能性では2019年にドライバー異常時対応システムEDSSを標準装備，2020年にBOA（ブレーキ・オーバーライド・アクセラレーター）を採用するとともに灯火類・車内照明をLED化，さらに2022年12月の改良でEDSSを自動検知式に改め，ピラーに装着したカメラでドライバーの状況をモニターするとともに，脇見や居眠りを検知した場合，運転席シートのバイブレーター作動によりドライバーに警告。さらにドライバーが倒れ込むなど運転姿勢を変化させた場合は警告〜車両停止を図るシステムとした。またオートライ

トとバックモニターを標準装備した。このほか感染症対策として乗客が直接ふれる握り棒などに抗菌化仕様を標準採用するとともに，ノンステップフロアの一部座席の足元にエアアウトレットグリルを設置し，換気性能を高めた。

【販売価格例＝日野ブルーリボン・N尺都市型・6速AT：3,010万1,500円】

エルガ（LV）／ブルーリボン（KV）型式一覧（54ページの前扉仕様も共通）

	ホイールベース	5,300mm	6,000mm
14トン超16トン以下AMT車		2TG-LV/KV290N4	2TG-LV/KV290Q4
14トン超16トン以下　AT車		2RG-LV/KV290N4	2RG-LV/KV290Q4
12トン超14トン以下AMT車		2KG-LV/KV290N4	2KG-LV/KV290Q4
12トン超14トン以下　AT車		2KG-LV/KV290N4	2KG-LV/KV290Q4

2代目エルガ／ブルーリボンの略歴

2015.8	2代目エルガ（路線系）発売，ノンステップに集約，全車2ペダル化《QDG-，QKG-，QPG-，QRG-，型式末尾1》
2015.9	ブルーリボンⅡを改称したブルーリボン発売《同》
2017.8	平成28年規制適合《2TG-，2PG-，2KG-，2DG-，型式末尾2》
2019.6	EDSS，BOAなど装備，高度OBDに対応（型式末尾3）
2020.6	AT車が燃費改善《2RG-，2KG-》
2022.12	自動検知式EDSS採用など改良（型式末尾4に変更）

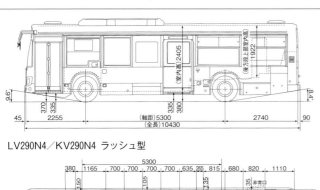

LV290N4／KV290N4 ラッシュ型

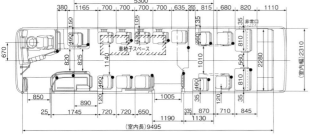

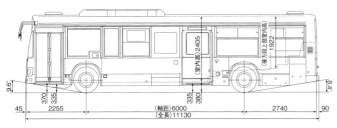

LV290Q4／KV290Q4 郊外Ⅱ型

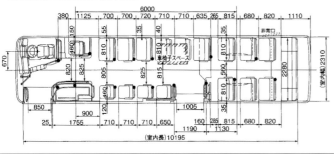

■諸元表

車　名		いすゞエルガ(LV)／日野ブルーリボン(KV)	
型　式		2RG-LV／KV290N4	2TG-LV／KV290Q4
床形状・仕様		ノンステップ・都市型	
扉位置		前中扉	
乗車定員	（人）	79	87
全　長	（mm）	10,430	11,130
全　幅	（mm）	2,485	2,485
全　高	（mm）	3,045	3,045
ホイールベース	（mm）	5,300	6,000
トレッド（前／後）	（mm）	2,065/1,820	2,065/1,820
最低地上高	（mm）	130	130
室内寸法（長）	（mm）	9,495	10,195
〃 （幅）	（mm）	2,310	2,310
〃 （高）	（mm）	2,405	2,405
車両重量	（kg）	9,785	9,945
車両総重量	（kg）	14,130	14,730
最小回転半径	（m）	8.3	9.3
エンジン仕様		直4・TI付	
エンジン型式		4HK1-TCH	
総排気量	（cc）	5,193	
最高出力	（kW/rpm）	177(240PS)/2,400	
最大トルク	（N・m/rpm）	735(75kgf・m)/1,400〜1,900	
変速機		6速AT	6速AMT
変速比	①／②	3.486/1.864	6.615/4.095
	③／④	1.409/1.000	2.358/1.531
	⑤／⑥	0.749/0.652	1.000/0.722
終減速比		6.500	
JH25モード燃費	（km/ℓ）	4.81	4.90
ステアリング型式		インテグラル式パワーステアリング付	
サスペンション型式（前／後）		車軸式空気ばね	
主ブレーキ		空気式	
補助ブレーキ		排気ブレーキ	
タイヤサイズ		275/70R22.5 148/145J	
燃料タンク容量	（ℓ）	160	

三菱ふそうエアロスター

三菱ふそうエアロスターノンステップ　2PG-MP38FK（東京都交通局）

　エアロスターは三菱ふそうバス製造（MFBM）が製造する大型路線バスである。エンジン縦置きを基本とするふそう大型路線車MPシリーズの第3世代で，1984年に登場した「エアロスター」のネーミングでは2代目にあたる。2代目エアロスターは1996年に発売され，翌1997年に国産市販バス初のノンステップバスを加えた。2014年に全車メジャーチェンジを行い，フロントマスクの変更，ノンステップバスのホイールベース延長などを行った。また2021年には一時期中止されていた送迎・自家用の前扉仕様がワンステップ車をベースに復活した（55ページ）。

　路線用はノンステップバスがホイールベース2種類，ワンステップバスが同3種類。基本仕様はノンステップが都市型ラッシュ仕様と郊外型，ワンステップが都市型である。このうちノンステップバスはワンステップをベースとするローエントリーで2009年に登場したが，2014年の改良に際し，国産大型バスでは初めて樹脂製燃料タンクを採用して左前輪タイヤハウス後方に設置した。併せてノンステップバスのホイールベースを短尺で195mm，長尺で250mm延長し，これらにより優先席の前向き化とノンステップフロアの拡大を実現

した。現行モデルは2017年に発売された平成28年排出ガス規制適合車で，以降数次にわたり安全性や機能性の改良が行われている。直近の改良は2022年12月で，EDSSの改良（後述）やオートライトの採用などが行われた。

　エンジンはかつて販売された9m車MM用をベースにする直6，排気量7.5ℓの6M60（T6）型199kW（270PS）を搭載。排出ガス後処理装置は再生制御式DPFと尿素SCRシステム（メーカー呼称：ブルーテック）を併用している。トランスミッションは全車が6速AT（アリソン製）に統一されている。これは小排気量エンジンゆえの低速トルク不足をカバーし，運転操作性の向上，メンテナンスコストの低減などをねらったもの。このATはシフトマップが3種類用意され，路線環境などに応じて選択できる。また冷房装置は標準がデンソー製，オプションで三菱重工製を設定する。全車が平成27年度重量車燃費基準を達成するが，燃費および排出ガス規制記号はエンジンアイドリングストップ装置（ISS）の仕様により異なり，自動戻り装置付ISS装備が燃費4.38km/ℓで2PG-，手動切替式ISS装備が燃費4.16km/ℓで2KG-となる（燃費値はJH25モードの場合）。

　装備面では反転式の車椅子用スロープ板を標準採用（国産車初），運転席周りでは吊り下げ式アクセルペダルを採用し，微妙な操作を可能にするとともに運転疲労の軽減につなげている。このほかアクセルの踏み過ぎを検知して加速を抑制し燃費低減を図るECOモードや，加速時な

三菱ふそうエアロスターノンステップ
2PG-MP38FK（京都バス，Sk）

Mitsubishi Fuso Aero Star: The city bus is the second generation of Aero Star which had been introduced in 1996. The first mass produced low floor bus in Japan was added to the line-up in 1997, but the low floor has been to low entry since then. The model received extensive revisions in 2014, with the wheelbase being lengthened on the low entry variant for wider low floor space. Since 2011, the model has been powered by 7.5 liter L6 engine combined with Alison's 6-speed AT. When the model passed 2016 emission regulations in 2017, two-step variant for private was discontinued. Variants offered are low entry (2 wheelbase variants) and one-step (3 wheelbase variants). Emergency Driving Stop System (EDSS) was added in 2019. Front door variantfor transfer and private use based on the one-step model has been added in 2021.(refer to page 55)

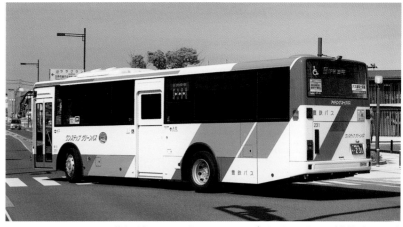

三菱ふそうエアロスターワンステップ　2KG-MP35FM（豊鉄バス，Ya）

どにエアコンのコンプレッサーを一時停止するエアコンECOスイッチなどを備える。また安全装備としてサイドビューカメラ＆液晶モニターを標準装備する。テール／ストップランプおよびオプションの増灯ストップランプにはLEDを採用する。

2019年に標準装備されたドライバー異常時対応システムEDSSは，非常時に点滅する車内のLED灯を天井2カ所・右側2カ所・左側1カ所の計5カ所に設置し，視認性を高めているのが特徴だが，2022年12月の改良では非常ボタン操作のタイミングから強制的にアクセルオフになるとともに，非常停止後も警報および車内の緊急放送を継続する機能とした。

【販売価格例＝エアロスターノンステップ・K尺都市型：3,225万1,000円，ワンステップ・M尺：2,751万8,000円】

エアロスター型式一覧（＊はアイドリングストップシステム自動戻り装置付）

ホイールベース	4,995mm	5,550mm	
ノンステップ（＊）	2PG-MP38FK	2PG-MP38FM	
ノンステップ	2KG-MP38FK	2KG-MP38FM	

ホイールベース	4,800mm	5,300mm	6,000mm
ワンステップ（＊）	2PG-MP35FK	2PG-MP35FM	2PG-MP35FP
ワンステップ	2KG-MP35FK	2KG-MP35FM	2KG-MP35FP

三菱ふそうエアロスターの略歴（2010年以降）

2010.5	平成21年規制適合車発売，全車AT化《LKG-》
2012.4	新保安基準・新ワンマンバス構造要件に適合および各部改良《QKG-，ツーステップ自家用の補助席付仕様はQDG-》
2014.5	マイナーチェンジ，フロントスタイル一新，各部改良．ノンステップバスはホイールベース延長《QKG-》
2016.2	2015年ノンステップバス標準仕様に認定
2017.10	平成28年規制に適合《2PG-，2KG-》，自家用ツーステップ中止
2019.9	EDSS，LEDテールランプ装備，高度OBDに対応
2021.5	ワンステップ前扉仕様を追加
2021.9	前扉インターロック装備など安全性を強化
2022.12	EDSSの機能向上ほか改良

エアロスター ノンステップ 2PG-/2KG-MP38FK 都市型ラッシュ仕様

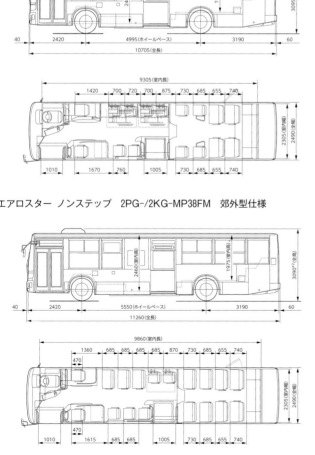

エアロスター ノンステップ 2PG-/2KG-MP38FM 郊外型仕様

■諸元表

車 名		三菱ふそうエアロスター		
型 式		2PG-MP38FK	2PG-MP38FM	2PG-MP35FP
床 形 状		ノンステップ都市型	ノンステップ郊外型	ワンステップ都市型
扉 位 置		前中扉	前中扉	前中扉（4枚折戸）
乗車定員	（人）	78	80	86
全 長	（mm）	10,705	11,260	11,450
全 幅	（mm）	2,490	2,490	2,490
全 高	（mm）	3,120	3,115	3,125
ホイールベース	（mm）	4,995	5,550	6,000
トレッド(前／後)	（mm）	2,065/1,815	2,065/1,815	2,065/1,815
最低地上高	（mm）	135	135	165
室内寸法（長）	（mm）	9,305	9,860	10,050
〃 （幅）	（mm）	2,305	2,305	2,305
〃 （高）	（mm）	2,460	2,460	2,270
車両重量	（kg）	10,460	10,730	10,140
車両総重量	（kg）	14,750	15,130	14,870
最小回転半径	（m）	8.3	9.2	9.8
エンジン仕様		直6・TI付		
エンジン型式		6M60(T6)		
総排気量	（cc）	7,545		
最高出力	（kW/rpm）	199(270PS)/2,500		
最大トルク	（N·m/rpm）	785(80kgf·m)/1,100～2,400		
変 速 比 ①／②		3.487/1.864		
③／④		1.409/1.000		
⑤／⑥		0.750/0.652《以上AT標準》		
終減速比		6.166		
JH25モード燃費	（km/ℓ）	4.38		
ステアリング型式		インテグラル式パワーステアリング付		
サスペンション型式（前）		車軸式空気ばね		
〃 （後）		車軸式空気ばね		
主ブレーキ		空気油圧複合式		
補助ブレーキ		排気ブレーキ，パワータードブレーキ		
タイヤサイズ		275/70R22.5 148/145J		
燃料タンク容量	（ℓ）	155	155	160

日野ブルーリボンハイブリッド／いすゞエルガハイブリッド

日野ブルーリボンハイブリッド 短尺車　2SG-HL2ANBP（西武バス）

　日野のハイブリッドバスは1991年暮から営業運行を開始，その後市販化されたパラレル式のディーゼル―電気ハイブリッドバスHIMR（ハイエムアール）がルーツで，以来エンジンのダウンサイジング，バッテリーの変更（鉛→ニッケル水素），制御系の改良，ボデーの低床化などを図りながら進化を続けてきた。2005年にはノンステップ化に際して名称をHIMRからハイブリッドに変更した。

　現在のブルーリボンハイブリッドは2015年12月にボデー，シャーシー，ハイブリッドシステムとも一新し，HLの型式名で発売された。ボデースタイルは同年フルモデルチェンジしたブルーリボン（ディーゼル車KV＝いすゞエルガの統合モデル）と共通化するとともに，屋根上のバッテリーを小型化して全高を低減。またハイブリッドシステムは，走行中は常時エンジンとモーターを併用した先代に対し，発進時はモーター駆動のみとなり，モーターの負担比率を高めて燃費を向上している。エンジンはそれまでの直6から直4に換装する

とともにモーターを高出力化，さらにエンジン～モーター間にクラッチを備え，発進時・減速時にはクラッチを切ることでモーターの負荷を減らし高効率な回生を実現している。さらにトランスミッションは日野製の6速AMT "Pro Shift" を搭載し，ドライバーの運転スキルを問わず適切な変速・回生を行うことで好燃費につなげている。

　現行モデルは2017年に発売された平成28年排出ガス規制適合車で，排気量5.1ℓ，最高出力191kW（260PS）の日野製A05C-K1型エンジンを搭載，重量車モード燃費値は5.5km/ℓで，平成27年度燃費基準＋15％を達成している。このモデルは2018年に「いすゞエルガハイブリッド」としても発売され，エルガハイブリッドの2代目にあたる。初代のいすゞエルガのハイブリッドは，先代エルガノンステップをベースにイートン製ハイブリッドシステムを組み込んだ独自開発の

Hino Blue Ribbon Hybrid/Isuzu Erga Hybrid: Pre-sale units of Hino's hybrid buses started operations around the nation in December of 1991 as the "world's first hybrid vehicles on the market". Since then, the parallel type has undergone many revisions utilizing components of the small-size hybrid passenger cars manufactured by their parent company Toyota. The present model introduced in 2015 shares the common body with their diesel engine counterparts (KV290), and utilize the hybrid system with much higher ratio of motor operations. The engine is 4 cylinderwith the output of 191kW, while the drive battery is nickel metal hydride battery. The model has also been offered as Isuzu Erga Hybrid since 2018.

日野ブルーリボンハイブリッド 短尺車
2SG-HL2ANBP（川崎市交通局，写真：同局）

システム図

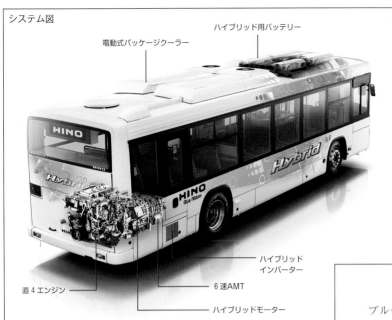

電動式パッケージクーラー
ハイブリッド用バッテリー
ハイブリッドインバーター
6速AMT
直4エンジン
ハイブリッドモーター

日野ブルーリボンハイブリッド　短尺車・都市型の車内例

パラレルハイブリッド車であったが，2代目はブルーリボンハイブリッドと共通化された。型式はベース車のアルファベット末尾をPからDに変更している。なお両車種とも2020年にドライバー異常時対応システムEDSSを標準装備した。

ブルーリボンハイブリッド／エルガハイブリッドとも内外装・装備や足回りなどはディーゼル車（KV/LV）に準じるが，搭載システムの関係でリヤオーバーハングはKV/LVよりも125mm長く，冷房機器はハイブリッド用バッテリーからの電力でコンプレッサーを駆動する電動式パッケージクーラー（デンソー製）を搭載する。またメータークラスターもハイブリッド専用のものを装備する。

【販売価格例＝ブルーリボンハイブリッド・N尺都市型：3,230万1,500円】

2SG-HL2ANBP/BD　都市型

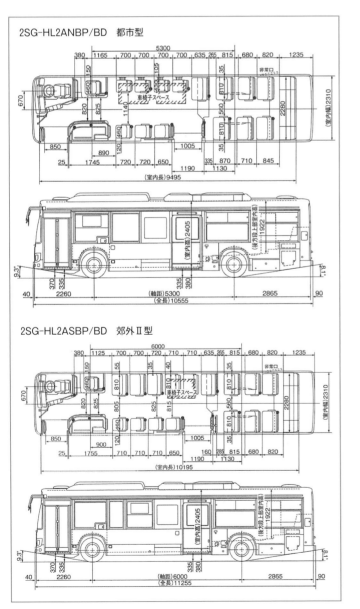

2SG-HL2ASBP/BD　郊外Ⅱ型

ブルーリボンハイブリッド／エルガハイブリッドの変遷

年月	内容
2015.12	ブルーリボンシティハイブリッドをフルモデルチェンジして発売《QSG-》
2017.8	平成28年規制に適合《2SG-》
2018.4	統合モデルのいすゞエルガハイブリッド発売
2019.6	高度OBDに対応
2020.6	EDSSを標準装備

■諸元表

車　名		ブルーリボンハイブリッド／エルガハイブリッド	
型　式		2SG-HL2ANBP/BD	2SG-HL2ASBP/BD
床 形 状		ノンステップ	
扉 位 置		前中扉	
乗 車 定 員	（人）	79	87
全　長	（mm）	10,555	11,255
全　幅	（mm）	2,485	2,485
全　高	（mm）	3,105	3,105
ホイールベース	（mm）	5,300	6,000
トレッド（前／後）	（mm）	2,065/1,820	2,065/1,820
最低地上高	（mm）	130	130
室内寸法（長）	（mm）	9,495	10,195
〃 （幅）	（mm）	2,310	2,310
〃 （高）	（mm）	2,405	2,405
車 両 重 量	（kg）	10,190	10,420
車 両 総 重 量	（kg）	14,535	15,205
最小回転半径	（m）	8.3	9.3
エンジン仕様／電動機仕様		直4・TI付／交流同期電動機・90kW	
エンジン型式		A05C-K1	
総 排 気 量	（cc）	5,123	
最 高 出 力	（kW/rpm）	191(260PS)/2,300	
最大トルク	（N·m/rpm）	882(90kgf·m)/1,400	
変 速 比 ①／②／③		6.515/4.224/2.441	
④／⑤／⑥		1.473/1.000/0.702（以上AMT標準）	
終 減 速 比		5.857	
バッテリー		ニッケル水素電池 6.5Ah	
重量車モード燃費値（km/ℓ）		5.50	
サスペンション型式（前／後）		車軸式空気ばね	
主ブレーキ		空気式	
補助ブレーキ		エンジンリターダ，ハイブリッドリターダ	
タイヤサイズ		275/70R22.5 148/145J	
燃料タンク容量（ℓ）		160	

アルファバスECITY L10（山梨交通）

アルファバスは中国・江蘇省に本社を置くバスメーカーで，1996年のトヨタコースターの中国市場導入を皮切りにバス事業に参入，2000年代にはスペインのバスビルダーINDCARやIVECOからボデー技術を，日野自動車からシャーシー技術を学ぶなどして技術を磨き，さらにスカニアと技術協力関係を確立した。現在では年間約1,000台の電気バスを生産し中国市場のほかEUなどに輸出する。

ECITY　L10は2019年秋に初公開され2020年から市場展開する日本向けの大型電気シティバスで，右ハンドル，非常口設置，全幅2.5m，後軸重10トン未満などの日本の道路運送車両法保安基準に適合している。国内シティバスの主力サイズである全長10.5mボデーで，ワンマンバス構造要件をすべて満たしているほか，ワンマン機器を含めて国内仕様の装備品に対応，さらにウインカーレバーは国産車と同じ右配置であるなど，二次架装や大幅な手直しの必要なく運行開始できる特徴を備えている。

ボデーはアルミ製で定員例は76人（うち客席数23）の前中扉間ノンステップバスである。駆動系は210kWモーターを搭載，296kWhのリチウムイオンバッテリーにより一充電航続距離は約240km，また充電方式はCHAdeMOである。日本では，アルファバス，加賀電

郊外型の車内例（山梨交通）

子グループで電子機器販売のエクセル，バスボデー整備のヴィ・クルーの3社合弁によるアルファバスジャパンが取り扱う。これまで四国電力の自家用に1台，日光交通が運行する国立公園シャトルバスに1台，山梨交通の一般路線用に2台が導入された。

Alfa Bus ECITY L10: Alfa Bus is a manufacturer that grew in the 2000's by receiving technological assistance from European and Japanese manufacturer of large-size vehicles, and presently offer electric buses to markets around the world. They will introduce the large-size electric route bus ECITY L10 which had been developed to pass the Japanese vehicle and one- man operation regulations to the Japanese market in 2020. The body is low entry, with overall width, weight per axle, and emergency exit that can pass the Japanese regulations. The vehicle can also be equipped with Japanese components. The model can be operated for 240km per charge.

■諸元表

車　　名		ECITY L10
仕　　様		ノンステップ
乗車定員	（人）	76
全　　長	（mm）	10,480
全　　幅	（mm）	2,485
全　　高	（mm）	3,260
ホイールベース	（mm）	5,500
トレッド（前／後）	（mm）	2,085/1,855
車両重量	（kg）	11,800
車両総重量	（kg）	15,485
モーター仕様		永久磁石式・三相同期
最高出力	（kW）	210
最大トルク	（N·m）	2,600
駆動用バッテリー		三元系リチウムイオン・296kWh
一充電航続距離	（km）	240
充電規格		CHAdeMO 2.0準拠
最高速度	（km/h）	70
サスペンション型式（前）		独立懸架式空気ばね
（後）		車軸式空気ばね
主ブレーキ		空気式，前後ディスク
補助ブレーキ		回生
タイヤサイズ（前後共）		275/70R22.5

ECITY L10

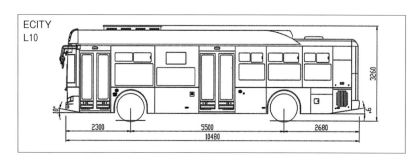

2300　5500　2680
10480
3260

オノエンスターEV

Onoen Star Electric Bus: Ono Engineering and Asia Star Japan which has been importing buses manufactured by Yaxing of China introduced their electric buses to the domestic market since 2020. There are 3 variants, the large-size buses with overall lengths of 10.5m and 9m, respectively, along with the 7m long small-size bus was offered.The 10.5 m model can be operated for 300 km per charge.The 9 m model and 7m model can be operated for 200 km per charge.

オノエンスターEV 7m車
（ときがわ町／イーグルバス）

オノエンスターEVはオノエンジニアリングが2020年に発売した，中国・ヤーシン（揚州亜星）製の電気シティバスで，2021年からはオノエンジニアリング子会社のアジアスタージャパンが販売する。これらは2016年に国内発売されたヤーシン製の大型車幅・全長8m観光車（ディーゼル車）に続くオノエンスターの第2弾で，全長10.5mの大型ノンステップバス，大型車幅・全長9mのミディサイズのノンステップバス，全長7mの小型ノンステップバスの3種類をラインアップする。いずれもサイズや軸重などは日本の法規に準拠しているが，このうち7m車は他社の同クラスよりも全幅の広い2.26mで，居住性に優れ，扉の数は2扉と1扉を設定する。

モーターの最高出力は10.5m車が215kW，9m車と7m車は155kW。また駆動用バッテリーはリチウムイオンで，世界的なバッテリーサプライヤーの一つである中国CATL製である。一充電当たりの航続距離は10.5m車が約300km，9m車と7m車は各々約200kmである。ボデー仕様や装備品などはニーズに応じてカスタマイズが可能である。現在は7m車が愛知県のレスクルで1台，埼玉県のイーグルバスで5台が稼働する。なおイーグルバスは2020年に同じヤーシン製のボンネットタイプ電気バス2台をオノエンジニアリングを通じて導入し，観光路線に使用するが，同社は2022年にオノエンスターEVの販売支援に加わった。

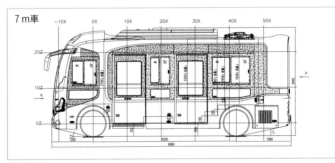

7m車

■諸元表

車　名		オノエンスターEV		
仕　様		10.5m・ノンステップ	9m・ノンステップ	7m・ノンステップ
型　式		JS6108GHBEV	JS6851GHBEV	JS6690GHBEV
乗車定員	（人）	81	57	37
全　長	（mm）	10,500	8,990	6,990
全　幅	（mm）	2,500	2,460	2,260
全　高	（mm）	3,210	3,200	3,040
ホイールベース	（mm）	5,950	4,670	4,200
車両重量	（kg）	10,750	8,900	6,130
車両総重量	（kg）	15,205	12,035	8,165
モーター型式		MD100F	MD90AS	MD80-1
最高出力	（kW）	215	155	155
最大トルク	（N·m）	2,300	1,800	1,650
駆動バッテリー		水冷リチウムイオンバッテリー（CATL社製）		
制御方式		DC/DCコンバーター，DC/ACコンバーター，CAN通信，BMS		
充電方式		GB/T（CHAdeMO）		
バッテリー電圧	（kWH）	242.3(1C3G)	163.4(3C2G)	95.3(1C2G)
	（V/AH）	531.3/456	540.9/302	550.6/173
一充電航続距離（概算）（km）		300	200	200
最高速度	（km/h）	80	80	80
ステアリング型式		電動パワーステアリング（BOSCH製）		
サスペンション型式		前：独立懸架式空気ばね／後：車軸式空気ばね		
主ブレーキ		空気式　前後ディスク		
補助ブレーキ		回生（駆動モーター発電）		
タイヤサイズ（前／後）		275/70R22.5		215/75R17.5

9m車

10.5m車

EVM-J　F8シリーズ

EV Motors Japan F8 Series: EV Motors Japan is a startup company of electric commercial vehicles undertaken by the experts of battery as well as charging and discharging technologies, and have been offering buses since 2021. The models designed in Japan and being manufactured in China can be characterized by the active inverter utilizing their charging and discharging technology to prolong battery life and to realize long operational mileage, as well as the body utilizing stainless structure and carbon panels for both lighter weight and longevity. At the present, the 7m small-size bus F8 Series 4, the 10.5m large-size bus F8 Series 2, and the 8.8m sightseeing bus F8 Series 6 have been introduced.

EVモーターズ・ジャパン
小型車　F8シリーズ4
←2ドア仕様（那覇バス，HG）
↓2ドア仕様（フジエクスプレス，Md）

EVモーターズ・ジャパン（EVM-J）は2019年，バッテリーや充放電技術に経験の長い技術者により北九州市で創業したEVメーカーで，電動三輪トライクを端緒に，バス，配送用トラックなど商用EVの製品化を進めている。これらの特徴はモーター制御システムのアクティブ・インバーター，電池の劣化予測・出力最適化制御を行うバッテリーマネジメントユニット（BMU）など独自技術を採用することで，世界最高レベルの低電力化とバッテリーの長寿命化を実現，さらに中国の車両メーカーとの共同開発を行うとともにEU製パーツの採用などにより「性能＋コスト優位性」を謳う。なお現時点では全製品を中国で製造しているが，バス事業者を含めた各関連企業から出資を得ることで，近い将来，北九州市内にテストコース，自動運転コースなどを併設するEV組立工場を建設する予定である。本項では2022年までに実車が披露された電気バス3車型を紹介する。

●F8シリーズ4　ミニバス

F8シリーズ4ミニバスは2021年春に発売された同社初の電気バスである。全長7m・全幅2mクラスのノンステップバスで，定員29人（うち客席13）。最高出力135kW（定格出力60kW）のモーターと，日本の技術で量産化を進めたCATL製リチウムイオンバッテリー（114kWh）を搭載，一充電航続距離は約290kmである。ボデーはステンレス角パイプの骨格にカーボン・コンポジット・マテリアルの外板を組み合わせ，軽量かつ20年超の耐用年数を想定する。空調機器にはデンソー製を搭載，また左右後方の確認用に電子ミラーが設定されるほか，扉の数（2扉／1扉），シートレイアウトや内装材などはユーザーニーズに応じる。2022年4月には初の市販車として，那覇バスに2台が導入された。

EVモーターズ・ジャパン
大型車　F8シリーズ2
（全長10.25mのプロトタイプ車．市販車は10.45mとなる）

EVモーターズ・ジャパン
中型観光車　F8シリーズ6

●F8シリーズ2　大型シティバス

　F8シリーズ2は2022年7月のバステクフォ
ーラムで発表された全長10.45m，ホイールベ
ース5.5mの大型ノンステップバス（ローエン
トリー）で，モーターは最高出力240kW（定
格120kW），210kWhのリチウムイオンバッテ
リーを搭載し，一充電航続距離は約280kmで
ある。ボデーはF8シリーズ4と同様，ステン
レス角パイプの骨格＋カーボン・コンポジッ
ト・マテリアルの外板を組み合わせる。この
モデルのデモ車は本来よりも全長がやや短い

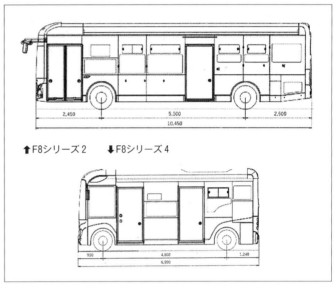

↑F8シリーズ2　↓F8シリーズ4

10.25mで製造・輸入され，標準仕様ノンステップバスに認定された。
なおEVM-Jではバリエーションとして全長8.8m車，12m車も設定
している。2023年には伊予鉄バスで10.45m車（定員78人）が運行
開始するが，EVM-Jは電気バスの販売・メンテナンスに関して伊
予鉄グループと業務提携を締結している。

●F8シリーズ6　中型観光バス

　F8シリーズ6は2022年11月の第8回バステクin首都圏で発表され
た大型車幅・全長8.86mのハイデッカー観光バスで，ホイールベー
スは4.6m。同等クラスの国産ディーゼル車である日野セレガハイデ
ッカショート／いすゞガーラHD-9に対しては若干全長が短い。
210kWhのチタン酸リチウムイオンバッテリーを搭載し，最高速度
100km/h，一充電航続距離は約280kmで，充電方式はCHAdeMO2.0
を標準採用する。ボデーはステンレス製骨格とアルミハニカムを含
む軽量外板を組み合わせる。乗客定員は35人である。

　なおEVM-Jはこれらに加えて，定期観光などに適した全長12m，
乗客定員79人の2階建てバスの発売を計画している。

↓各車型の車内例。❶小型車F8シリーズ4の1ドア仕様，❷大型車F8シリーズ2
のプロトタイプ，❸中型観光車F8シリーズ6

■諸元表

車　名		F8シリーズ4　ミニバス		F8シリーズ2　シティバス	F8シリーズ6　コーチ
仕　様		シングルドア	ダブルドア	前中扉	ハイデッカー
乗車定員	（人）	29	29	78	35
全　長	（mm）	6,990	6,990	10,450	8,850
全　幅	（mm）	2,105	2,105	2,490	2,490
全　高	（mm）	3,100	3,100	3,300	3,450
ホイールベース	（mm）	4,800	4,800	5,500	4,500
最低地上高	（mm）	150	150	－	－
車両重量	（kg）	5,670	5,670	10,800	9,000
車両総重量	（kg）	7,265	7,265	15,500	10,900
モーター型式		永久磁石同期電動機			交流同期電動機
定格出力	（kW）	60		120	－
最高出力	（kW）	135		240	－
駆動バッテリー		リチウムイオンバッテリー			チタン酸リチウムイオンバッテリー
バッテリー容量	（kWH）	114		210	210
最高速度	（km/h）	80		80	100
一充電航続距離	（km）	290		280	280

輸入EV　BYD　電気バス

BYD K8（阪急バス，Sz）

　BYDは中国の電気自動車並びに充電池のメーカーで，現在は世界200都市に5万台を超える電気バスを出荷している。これらの中にはシャーシーのみ出荷し，現地製のボデーを架装する例も少なくない。搭載する駆動用バッテリーは同社製リン酸鉄リチウムイオン電池で，長寿命や優れた安全性を謳う。日本には2015年に導入が始まり，大型路線バスK9，同K8，同K7RA，小型路線バスJ6，大型観光バスC9が輸入されている。なお国内販売はBYDの日本法人，BYDジャパンが行っている。

●K9

　大型路線バスK9は全長12m・全幅2.5mと，日本国内規格では最大寸法のボデーを持つローエントリーシティバスである。総アルミ製ボデーにより電気バスにふさわしい軽量化を図っている。駆動用モーターはスペース効率に優れたインホイール式で定格出力150kW（75kW×2），最高速度70km/hである。バッテリーはBYD製リン酸鉄リチウムイオンを総容量324kWh搭載し，一充電航続距離は最大250kmである。2015年に日本向けBYDの第1陣として京都のプリンセスラインで採用され，その後，沖縄シップスエージェンシー，岩手県交通，富士急バス，協同バス，ハウステンボス，全日空（自動

運転実験用）などで計31台が採用されている。なおK9は本国では既に新型にモデルチェンジされ，内外装も一新している。

●K8

　K8は2021年に発売された全長10.5mの大型路線バスで，同サイズが主力を占める日本市場向け専用モデルである。モーター定格出力は150kW（75kW×2），一充電航続距離は最大220kmである。車両重

↑BYD J6　2ドア仕様（京阪バス）
←BYD J6　1ドア仕様（近鉄バス）
↘BYD J6　1ドア仕様の車内例（新報トラスト）。都市内路線用が主体のJ6の中で，貸切使用に向けた補助席付・乗客定員18人という特徴的な仕様

BYD　C9（伊江島観光バス）
全高3.52mのハイデッカー電気バス

量は12トン未満を達成し，車内仕様と定員は都市型Ⅰ：81人，都市型Ⅱ：77人，郊外型：75人と，国産ディーゼルバスに匹敵する収容力を備える点も特徴である。2022年末現在，平和交通，阪急バスなどで登録されているが，2023年にはスペース効率に優れた「ブレードバッテリー」を搭載する新型にモデルチェンジされる予定である。

●K7RA

K7RAは大型車幅・全長9.48mのローエントリー構造の電気バスで，定員40人，一充電航続距離は最大180kmである。2019年に会津乗合自動車が，国立公園尾瀬の環境保全を目的に3台採用し，オフシーズンには会津若松市内で運行している。

●J6

J6は2020年に発売された全長6.99m・全幅2.08mの小型バスで，床面は最後席部分を除きフルフラット構造を備えている。国産の日野ポンチョをベンチマークに開発された日本市場向けの電気バスで，モーター定格出力は100kW，充電時間は3時間以内で一充電航続距離は最大150kmである。車内仕様と定員は都市型Ⅰ：31人，都市型Ⅱ：29人，郊外型：25人，都市型Ⅱプラス：29人の4種類がある。扉の数は2扉または1扉である。2022年末現在，京阪バス，近鉄バス，知多乗合など大手バス事業者を含めて登録台数を増やしており，国内向けBYDの主力となっているが，2023年には「ブレードバッテリー」の搭載により車内レイアウト変更・定員増を図った新型にモデルチェンジされる予定である。

●C9

C9は全長12m×全幅2.5m×全高3.52mのフルサイズハイデッカー電気バスで，モーター定格出力は360kW（180kW×2）と，シティバスに対して大幅に引き上げられ，最高速度100km/hである。一充電航続距離は250km，出力40kW×2の充電器により3〜3.5時間で満充電となる。フロントアクスルはZF製，ブレーキは前後とも電子制御ブレーキ（EBD）で構造はディスクである。伊江島観光バスで2台が稼働する。

BYD Electric Buses: BYD, the global brand of electric buses, have been offered in Japan since 2015 by BYD Japan, with 12m model K9, 10.5m model K8, 9.5m model K7RA, 7m model J6, and C9 sightseeing bus actually being delivered. Of these models, sale of the J9, developed with the domestic small-size bus as the benchmark, increased significantly. The model was obtained by major bus operator after another mainly in Kansai and Chubu areas for use on community routes. 10.5m model K8 was also developed for the Japanese market, and is attracting attention as being the right size for regular city routes. It has been revealed that these 2 models for the Japanese market will be equipped with blade batteries starting from 2023, and will become next generation models with more efficient use of space.

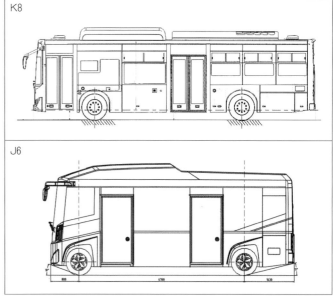

K8

J6

■諸元表

車　名		K9	K8	K7RA	J6	C9
仕　様		12m・ノンステップ	10.5m・ノンステップ	9.5m・ノンステップ	7m・ノンステップ	12m・ハイデッカー
乗車定員	(人)	56	81	40	31	51
全　長	(mm)	12,000	10,500	9,485	6,990	12,000
全　幅	(mm)	2,500	2,500	2,500	2,080	2,500
全　高	(mm)	3,400	3,360	3,370	3,060	3,520
ホイールベース	(mm)	6,100	5,500	4,450	4,760	6,350
車両重量	(kg)	13,460	11,850	11,000	6,220	14,090
車両総重量	(kg)	16,540	16,305	13,200	7,925	16,895
最小回転半径	(m)	12	9.3	7.5	7.9	12
モーター定格出力	(kW)	75×2	75×2	75×2	100	180×2
駆動バッテリー				BYD製リン酸鉄リチウムイオン		
バッテリー容量	(kWh)	324	287	217	105.6	311
充電方式		AC仕様	AC仕様／CHAdeMO	AC仕様	AC仕様／CHAdeMO	AC仕様
一充電最大航続距離	(km)	250	220	180	150	250
最高速度	(km/h)	70	70	70	70	100
主ブレーキ（前後共）				空気式		
補助ブレーキ				回生ブレーキ		
タイヤサイズ（前後共）		275/70R22.5	275/70R22.5	275/70R22.5	215/70R17.5	295/80R22.5

いすゞエルガデュオ／日野ブルーリボンハイブリッド連節バス

日野ブルーリボンハイブリッド連節バス　KX525Z1（三岐鉄道，Ya）

　エルガデュオとブルーリボンハイブリッド連節バスは，いすゞと日野の共同開発により2019年に発売された国産連節バスである。2000年代半ば以降，全国各地でドライバー不足も踏まえた輸入連節バスの導入が見られるが，国産連節バスはこうしたニーズに対応するもの。製造はジェイ・バス宇都宮工場が担当する。

　ボデーは全長18m・全幅2.5mで，エルガ／ブルーリボンをベースに，フロントに独自のデザインを盛り込んでいる。前車体はフルフラットノンステップ，後車体は扉から後方を2段上げしており，定員は120人である。駆動系はブルーリボンハイブリッドで実績のある日野製パラレル式ハイブリッドシステムを搭載するが，車両重量の増加に対応してエンジンはベース車の4気筒ではなく，大型観光車セレガに準じた6気筒・排気量9ℓのA09C-K1型（265kW）を搭載，日野製7速AMTを組み合わせる。駆動用のニッケル水素バッテリー，90kWモーター（交流同期電動機）はブルーリボンハイブリッド／エルガハイブリッドと共通である。アクスルは3軸ともZF製で，電子制御ブレーキシステムEBSの採用に伴い総輪ディスクブレーキを備える。前後車体は独ヒューブナー製のターンテーブルで結合され，後退時は連節角度に応じてエンジントルクを制限す

るほか，屈曲角度が過大になり安全性が損なわれそうになった場合は非常ブレーキを作動させる。機動性にも優れ，最小回転半径は9.7mと，エルガ／ブルーリボン長尺車の＋0.4mに抑えられている。今後はプラットホーム正着制御技術・車間距離維持システムなどの搭載が予告されている。なお連節バスは道路運送車両法の保安基準の上限12mを超えているため，運行には基準緩和や道路管理者・警察等の許可が必要だが，本車は国産のため全幅や非常口の設置などは保安基準に適合しており，基準緩和の範囲は輸入車より少なくて済む。2020～2021年にいすゞ4台・日野13台，2022年は日野3台が採用された。

【販売価格例（税別）＝エルガデュオ：8,780万円，ブルーリボンハイブリッド連節バス：8,800万円】

Isuzu ErgaDuo/Hino Blue Ribbon Hybrid Articulated Bus: The domestic articulated buses introduced in 2019 based on the increase of imported articulated buses in the nation. With the body based on Isuzu LV, the model is equipped with Hino's 9 liter engine and hybrid system. Passenger capacity of a standard layout is 120. It is considered to be effective in combating driver shortages, and combined 20 units of the two models are being operated.

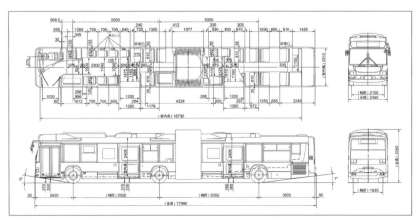

■諸元表

型　式		いすゞLX525Z1／日野KX525Z1
仕　様		都市型・全扉乗降式仕様
乗車定員	（人）	客席36＋立席83＋乗務員1＝120
全　長	（mm）	17,990
全　幅	（mm）	2,495
全　高	（mm）	3,260
ホイールベース	（mm）	5,500/6,350
トレッド	（mm）	第1軸2,100/第2軸1,835/第3軸1,835
最低地上高	（mm）	135
室内寸法	（mm）	長16,730/幅2,310/高2,405
車両重量	（kg）	18,025
車両総重量	（kg）	24,625
最小回転半径	（m）	9.7
電動機仕様・出力		交流同期電動機　90kW
エンジン仕様		直6・TI付
エンジン型式		A09C-K1
総排気量	（cc）	8,866
最高出力	（kW/rpm）	265（360PS）/1,800
最大トルク	（N・m/rpm）	1,569（160kgf・m）/1,100～1,600
変速比	①/②/③/④	6.230/4.421/2.452/1.480
〃	⑤/⑥/⑦	1.000/0.761/0.595（AMT標準）
終減速比		6.190
ハイブリッド用バッテリー		ニッケル水素　6.5Ah
サスペンション型式		車軸式空気ばね（3軸共）
主ブレーキ		空気式・ディスク
補助ブレーキ		エンジンリターダ＋ハイブリッドリターダ
駐車ブレーキ		空気式・車輪制動形
タイヤサイズ（第1・第2軸共）		275/70R22.5 148/145J
〃　（第3軸）		275/80R22.5 151/148J
燃料タンク容量	（ℓ）	250

メルセデス・ベンツ シターロG

メルセデス・ベンツ シターロG（西日本鉄道）

シターロはダイムラーが1997年に発売したシティバスで，世界各地で活躍が見られる。日本には2008年から連節バスのシターロGが輸入され，全幅や後軸重などの規制緩和を受けたうえで，2016年までに5事業者に31台が導入された。日本への輸入にあたっては，ダイムラーグループの三菱ふそうトラック・バスが必要に応じて輸入業務や国内向けの仕様変更などを担当してきたが，2016年10月には右ハンドルのユーロVI適合車が正式な商品として三菱ふそうトラック・バスから発売され，2022年末までの累計販売台数は46台である。

このモデルは2011年にモデルチェンジされたシターロGの第2世代で，外観は躍動的なウインドーグラフィックが特徴である。エンジンの搭載方法を縦置きに変更した関係で，全長は先代の18mから若干延びた18.175mとなった。定員は標準的な119人仕様のほか，シートアレンジにより最大160人まで設定できる。エンジンは排気量10.7ℓのOM470型（265kW）を搭載，フォイト製4速ATを組み合わせる。このほか車両挙動制御装置や連節部ターンテーブル制御などにより，安全な走行を実現している。

なおメンテナンスは三菱ふそうのサービスネットワークが対応，また運行にあたっては基準緩和申請が必要である。

車　　名		メルセデス・ベンツ シターロG
床 形 状		ノンステップ
全　　長	(mm)	18,175
全　　幅	(mm)	2,550
全　　高	(mm)	3,120
ホイールベース	(mm)	第1～2軸：5,900，第2～3軸：5,990
車両重量	(kg)	16,785
最小回転半径	(m)	9.6
エンジン仕様		直6・TI付
エンジン型式		OM470
総排気量	(cc)	10,700
最高出力	(kW/rpm)	265（360PS）/1,800
最大トルク	(N・m／rpm)	1,700/1,100
変 速 機		4速AT

シターロG　左ハンドル仕様の例

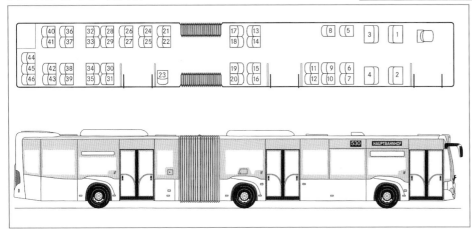

↑↑シターロGの車内例．前車体から後方を望む（神奈川中央交通）

↑諸元表

Mercedes Benz Citaro G: 31 units of the previous version of Citaro G articulated buses have been delivered to Japan with the support of Mitsubishi Fuso, a member of the Daimler Group. Starting from October of 2016, the present version has officially been added to the line-up of Mitsubishi Fuso's. The right hand drive model that has passed the Euro VI regulations is powered by OM470 engine with the output of 265kW. To operate the model, it is necessary to deregulate the overall length and width as well as weight per axle, just like the previous model.

トヨタ　SORA

トヨタSORA　ZBC-MUM1NAE（大阪シティバス）

　トヨタSORA（ソラ）はトヨタ自動車が2018年３月に発売した燃料電池ハイブリッド（以下FC）バスである。

　トヨタでは長年にわたり，水素の電気化学反応により発電しモーター駆動するFC車の研究・開発を進めるとともに，小型車と並行して，日野自動車と共同で大型バスでの実用化も進めてきた。2001年に最初のFCバス・FCHV-Bus1を発表，翌年には発展型のFCHV-Bus2が公道試験走行を開始，さらに改良されたFCHV-BUSが2005〜2013年にかけて愛知万博シャトルバス，市街地路線・空港連絡路線などで実証運行された。2015年にはそれらの実績を基に開発された先行市販モデルTFCBが営業運行を開始した。

　SORAはTFCBをベースに使い勝手や耐久信頼性を高めるとともに，デザインも一新，FCバスでは初めて型式認定を得た。心臓部であるFCスタックはFC乗用車MIRAI（初代）用と同じ最高出力114kWを２個搭載，113kWモーター２個を駆動する。駆動用のバッテリーはハイブリッド車と同じくニッケル水素を搭載する。一方ボデーは2015年まで販売された日野ブルーリボンシティハイブリッドをベースに，ホイールベースを500㎜延長，リヤオーバーハングを500㎜短縮し，ノンステップフロアを拡大するとともに，車椅子利用者やベビーカーに対応する横向きのジャンプシートを装備するのも特徴。また中扉は先代のTFCB同様，外吊り式スイングアウト

Toyota Sora：Sora is the first genuine fuel cell bus offered on the market which was introduced in 2018 after approximately 20 years of Toyota's development and experimental operations of the fuel cell bus. The model is equipped with 2 FC stacks（114kW）which are used on the fuel cell passenger automobile Mirai which drives the Twin 113kW motors. The body is based on the Blue Ribbon Hybrid which had been manufactured by their subsidiary Hino until 2015, but the wheelbase has been extended and rear overhang shortened to improve on board comfortability. Exterior has been completely changed to achieve an original design, and has a swing out middle door which is a first for the domestic bus.

ドアを装備している。2019年８月には装備面の充実を図り，ドライバー異常時対応システムEDSSなどの標準装備のほか，ITSコネクト技術を応用した路車間通信システムDSSS，車群情報提供サービス，電波型PTPS，さらに自動正着制御（オプション）を設定。2022年には強制換気装置を追加した。なお販売方式は６年間のリースを標準としている。

　SORAは東京都交通局の71台を筆頭に全国各地に導入され，2022年は14台が新規登録された。なおFCスタックなどのコンポーネントは海外のバスメーカーにも提供され，カエターノなどが商品化を果たしている。　　　　　（2022年の登録台数は１〜11月の累計）

■諸元表

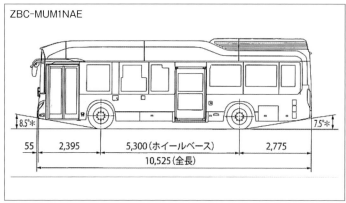

ZBC-MUM1NAE

車　　名		トヨタSORA
型　　式		ZBC-MUM1NAE
乗車定員	（人）	79（客席22＋立席56＋乗務員１）
全　　長	(mm)	10,525
全　　幅	(mm)	2,490
全　　高	(mm)	3,350
ホイールベース	(mm)	5,300
モーター仕様		交流同期電動機
〃　最高出力	(kW)	113(154PS)×2
〃　最大トルク	(N・m/rpm)	335×2
FCスタック		トヨタFCスタック（固体高分子形）
〃　最高出力	(kW)	114(155PS)×2
高圧水素タンク本数		10本（公称使用圧力70MPa）
〃　タンク内容積	（ℓ）	600
駆動用バッテリー		ニッケル水素
外部電源供給能力		9 kW/235kWh
サスペンション型式（前後共）		車軸式空気ばね

日野セレガ ハイデッカショート／いすゞガーラ HD-9

日野セレガハイデッカ
ショート
2KG-RU2AHDA
（ドライビングサービ
ス，Ya）

　日野セレガ／いすゞガーラは日野といすゞのバス事業統合により，セレガR（初代セレガの改良型）と初代ガーラのフルモデルチェンジ車として2005年にデビューした。基本的な開発およびエンジン・駆動系・足回りは日野が担当し，いすゞは電子制御サスペンションなど一部を担当した。全車ジェイ・バス小松工場で製造されている。両車種とも12mスーパーハイデッカー（セレガスーパーハイデッカ／ガーラSHD），12mハイデッカー（セレガハイデッカ／ガーラHD），9mハイデッカー（セレガハイデッカショート／ガーラHD-9）の各々3種類で，これらはボデーパーツの共通化などを目的にモジュール設計されている。

　2022年春に公表された日野のエンジン認証不正問題（24ページ）で，12m車に搭載される排気量13ℓのE13C系と同9ℓのA09C系の各エンジンがいずれも不正に抵触していたことから，2022年末時点で12m車は販売中止されており，9m車のみが販売を継続している。9m車はセレガ／ガーラ共8列の一般観光のほか，1列サロン／2列サロン，車椅子乗降用リフト付などがある。エンジンは直4・排気量5ℓ・191kW（260PS）のA05C〈A5-Ⅲ〉型を搭載，全車が日野製7速AMTを搭載する。GVW12トン未満車は平成27年度燃費基準＋10％を達成，自動検知式EDSSほか安全装備も充実している。

【販売価格例＝セレガハイデッカショート・2列サロン観光・7速AMT：3,576万6,500円】

Hino S'elega High Decker Short/Isuzu Gala HD-9: S'elega/Gala are the sightseeing and highway bus models with overall lengths of 12m/9m which were developed by Hino and being manufactured by J-Bus. The present styling was introduced in 2015 along with the sister model Isuzu Gala, and are the second generations of the respective models. The models had received revisions since then, but as the 13 and 9 liter engines that power the 12m models were both included in Hino's emission and fuel consumption cover-up, sale of all of the 12m models are presently being suspended and only the 9m models powered by 5 liter engines are being offered as of the end of 2022.

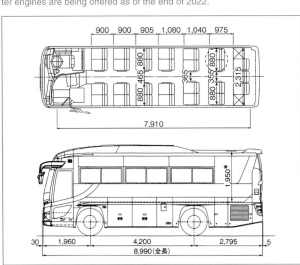

セレガハイデッカショート・2列サロン観光・7列

■諸元表

車　　名		日野セレガ ハイデッカショート	いすゞガーラHD-9
型　式		2KG-RU2AHDA	2DG-RU2AHDJ
床形状		9mハイデッカー	9mハイデッカー
仕　様		2列サロン観光	前向席
乗車定員	（人）	29	42
全　長	(mm)	8,990	8,990
全　幅	(mm)	2,490	2,490
全　高	(mm)	3,485	3,485
ホイールベース	(mm)	4,200	4,200
トレッド（前／後）	(mm)	2,040/1,820	2,040/1,820
最低地上高	(mm)	185	185
室内寸法（長）	(mm)	7,910	7,910
〃　（幅）	(mm)	2,315	2,315
〃　（高）	(mm)	1,950	1,950
車両重量	(kg)	10,080	10,100
車両総重量	(kg)	11,675	12,410
最小回転半径	(m)	6.3	6.3
エンジン仕様		直4・TI付	
エンジン型式		A05C〈A5-Ⅲ〉	
総排気量	(cc)	5,123	
最高出力	(kW/rpm)	191(260PS)/2,300	
最大トルク	(N·m/rpm)	882(90kgf·m)/1,400	
変速比	①／②	6.515/4.224	
	③／④	2.441/1.473	
	⑤／⑥／⑦	1.000/0.746/0.578(以上AMT標準)	
終減速比		5.857	
重量車モード燃費	(km/ℓ)	5.00	5.80
ステアリング型式		インテグラル式パワーステアリング付	
サスペンション型式（前）		独立懸架式空気ばね	
〃　（後）		車軸式空気ばね	
主ブレーキ		空気式	
補助ブレーキ		エンジンリターダ，永久磁石式リターダ(OP)	
タイヤサイズ（前／後）		10R22.5 14PR	
燃料タンク容量	(ℓ)	300	

図面内寸法：900　900　905　1,080　1,040　975
880　880　465　880　365　880　355　880　2,315
7,910
1,950*
30　1,960　4,200　2,795　5
8,990（全長）

三菱ふそうエアロクィーン／エアロエース

三菱ふそうエアロエース・エレベーター付
2TG-MS06GP改（ジェイ・アール北海道バス，DI）

エアロクィーン（スーパーハイデッカー）／エアロエース（ハイデッカー）は，2007年，先代エアロクィーン／エアロバス（MS8系）をフルモデルチェンジして登場した大型観光バスである。以来10年にわたりMS9系として数度の改良を図ったが，2017年の平成28年排出ガス規制への適合を機に，エンジンの小排気量化と併せてトランスミッションを6速MTから8速AMTに変更，基本的な内外装はそのままにMS0系へと生まれ変わった。2019年にフロントスタイルの一新，ドライバー異常時対応システムEDSSなど安全装備の充実を図り，2022年12月には騒音規制（フェーズ2）への適合と併せてオートライトおよびデイライトを装備した。

エアロクィーンは全高3.54m，エアロエースは全高3.46mで，両車共通の「クール＆エモーション」を基調にしたスタイリングが特徴。空調機器はエアロクィーンが床下据置型直冷，エアロエースは天井直冷である。用途別のバリエーションは観光・貸切（一般観光，サロン＝後部回転シート付），高速路線用（夜行，昼行，空港連絡。エアロクィーンは夜行のみ）である。なおエアロエースには12列・乗客定員60人仕様（貸切，空港連絡），床下荷物室床面〜客席間を車椅子のままで垂直移動できるエレベーター付仕様，近距離

高速路線などに向けた13列・乗客定員65人仕様，路線ユーザーのニーズを踏まえて2021年に追加された折戸仕様もある。

グレードはベーシックなエコライン（エアロエースのみ），充実装備のプロライン，プロラインに上級装備を加えたプレミアムラインの3種類で，リヤウインドーを縁取る後面シグネチャーライト（青色LED）は上位2グレードに標準またはオプションで設定される。また前面シグネチャーライトも販売会社のオプションで用意される。メーカーが設定する標準的な内装コーディネートはプロライン6種，プレミアムライン3種，エコライン3種である。

エンジンは全車が直6・排気量7.7ℓで280kW（381PS）を発生する6S10（T2）型を搭載する。2ステージターボを採用し，低回転域から高回転域まで優れた過給効果を発揮する。トランスミッションは全車が8速AMTの"ShiftPilot"で，燃費向上やイージードライブにも貢献する。AMTはステアリングコラム左側に装備されたマルチファンクションレバーにより，指先での操作が可能である。またAMTはマニュアルを含めて3つのモードを備えるとともに，クリ

三菱ふそうエアロクィーン 2TG-MS06GP
ヘッドライトユニットにLEDデイライトを組み込んだ2022年12月発売の最新モデル
下はデイライトの形状と運転席のスイッチ

スイッチ部

Mitsubishi Fuso Aero Queen/Aero Ace: The large-size sightseeing coach series introduced in 2007 comprised of Aero Queen super high decker coach and Aero Ace high decker coach. In the 10 years since its introduction, there have been several revisions to improve fuel consumption and enhanced safety. The engine has also been changed from Fuso's original to Daimler Group's common platform. In passing the 2016 emission regulations in 2017, the engine has been vastly downsized from the 12.8 liters of the previous model to 7.7 liters, while the transmission has been changed to 8-speed AMT so that the power of the small displacement engine can be fully utilized and for easier driving. Along with the first completely new front mask since it has been introduced, safety features have been enhanced in 2019 with Emergency Driving Stop System and Active Sideguard System which assists prevention of collisions when turning left.

三菱ふそうエアロエース 13列・折戸仕様　2TG-MS06GP（名鉄バス, Ya）

ープ機能，巡航時に動力伝達をカットして燃費低減につなげるエコロール機能などを装備する。燃費性能は全車が平成27年度重量車燃費基準＋15％を達成している。

　安全装備として，歩行者検知機能付の衝突被害軽減ブレーキABA4,

顔認識カメラなどにより運転注意力低下を検知して警報を発するアクティブ・アテンション・アシスト，車線逸脱警報（運転席バイブレーター警報付），車間距離保持機能と自動停止・発進機能を併せ持つプロキシミティー・コントロール・アシスト，ドライバー異常時対応システムEDSS，同じく左方の歩行者・自転車等を検知して左折操作や左ウィンカー操作の際に警告するアクティブ・サイドガード・アシスト（クラス初）などを装備する。
【販売価格例＝エアロクィーン・観光11列サロン：5,512万2,000円，エアロエース・同12列：5,244万4,000円】

三菱ふそうエアロクィーン／エアロエースの略歴（2014年以降）

2014.8	9 mMM，安全装備などを12m車に準拠，型式をMM97に変更
2014.9	12m車，各部改良，ターボの変更などで燃費改善
2015.4	12m車の一部車型が新エコカー減税対応《QTG-》
2015.7	車線逸脱警報装置を改良，12m全車燃費改善《QTG-》
2016.5	AMB2.0を標準装備
2017.5	平成28年規制に適合，全車AMT化《2TG-》，9 m車MM中止
2018.10	エアロエースにエレベーター付仕様を設定
2019.2	フロントマスク変更．EDSS，ABA4，アクティブ・サイドガード・アシストなど装備（2月発表・4月発売）
2019.秋	エアロエースに13列・定員65人仕様を追加
2021.4	エアロエースに折戸仕様を追加
2022.12	オートライト，デイライト装着ほか改良

■諸元表

車　　名		三菱ふそうエアロクィーン	三菱ふそうエアロエース	
型　　式			2TG-MS06GP	
床 形 状		スーパーハイデッカー	ハイデッカー	
仕様・グレード		サロン・プレミアム	一般・プロ	夜行線・プレミアム
乗車定員	（人）	55	62	30
全　　長	（mm）	11,990	11,990	11,990
全　　幅	（mm）	2,490	2,490	2,490
全　　高	（mm）	3,535	3,460	3,460
ホイールベース	（mm）	6,000	6,000	6,000
トレッド（前／後）	（mm）	2,050/1,835	2,030/1,820	2,050/1,835
最低地上高	（mm）	200	200	200
室内寸法（長）	（mm）	10,860	10,860	10,780
〃 （幅）	（mm）	2,310	2,310	2,310
〃 （高）	（mm）	1,890	1,760	1,760
車両重量	（kg）	13,020	12,700	13,470
車両総重量	（kg）	16,045	16,110	15,120
最小回転半径	（m）	9.5	9.5	9.5
エンジン仕様			直6・TI付	
エンジン型式			6S10(T2)	
総排気量	（cc）		7,697	
最高出力	（kW/rpm）		280(381PS)/2,200	
最大トルク	（N・m/rpm）		1,400(143kgf・m)/1,200～1,600	
変 速 比 ①／②／③			6.570/4.158/2.748	
④／⑤／⑥			1.739/1.256/1.000	
⑦／⑧			0.794/0.632（以上AMT標準）	
終減速比			4.444	
JH25モード燃費（km/ℓ）		4.99	4.99	5.15
ステアリング型式			インテグラル式車速感応型パワーステアリング付	
サスペンション型式（前）			独立懸架式空気ばね（ECS付）	
〃 （後）			車軸式空気ばね（ECS付）	
主ブレーキ			空気式	
補助ブレーキ			Jakeブレーキ＋流体式リターダ	
タイヤサイズ （前／後）			295/80R22.5	
燃料タンク容量 （ℓ）			405	

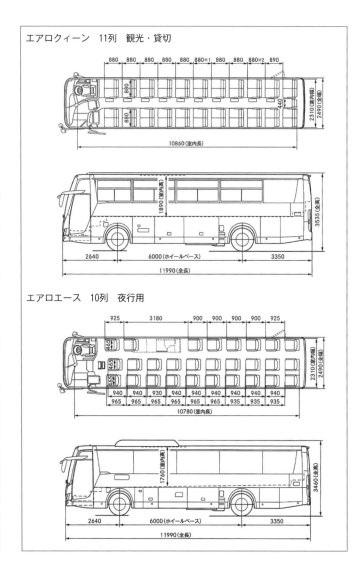

エアロクィーン　11列　観光・貸切

エアロエース　10列　夜行用

いすゞエルガ／日野ブルーリボン〈前扉仕様〉

いすゞエルガ〈前扉仕様〉2TG-/2RG-LV290Q4

エルガ／ブルーリボン〈前扉仕様〉は2017年，同路線系の平成28年排出ガス規制適合を機に追加されたバリエーションで，先代エルガ／ブルーリボンⅡ〈自家用ツーステップ〉の後継車である。主として送迎用を謳い，衝突被害軽減ブレーキは備えないため高速道路や制限速度60km/h超の自動車専用道路は走行できない。

車体構造は路線系と共通で，前扉〜後輪前方間の通路をノンステップ，シート部を段上げすることで乗降性と居住性を両立している。燃料タンクは左床下に配置される。2種類のホイールベース（N尺：5.3mとQ尺：6m），直4・排気量5.2ℓの177kWエンジンと6速AMTまたは6速ATの組み合わせも路線系と同様で，全車が平成27年度燃費基準を達成する。GVW14トン以上のAT車に流体式リターダを標準で，全車に永久磁石式リターダをオプション設定する。定員例はN尺が11列・補助席付72人，Q尺が12列・補助席付78人，同補助席なし84人など。装備面では荷物棚などを標準装備，2022年12月には路線系に準じて自動検知式EDSS，オートライトなどを標準装備した（型式一覧は37ページ参照）。

乗降口と通路前半がノンステップの車内

LV290Q4／KV290Q4　定員78人仕様

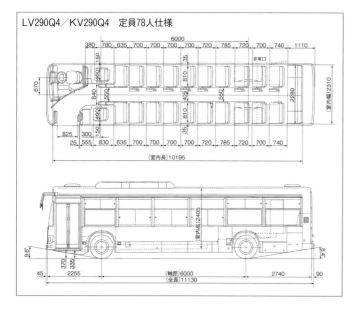

■諸元表

車　名		いすゞエルガ(LV)／日野ブルーリボン(KV)前扉仕様	
型　式		2KG-LV/KV290N4	2TG-LV/KV290Q4
床形状		ノンステップ	
仕　様		立席・補助席付	
乗車定員	(人)	72	78
全　長	(mm)	10,430	11,130
全　幅	(mm)	2,485	2,485
全　高	(mm)	3,045	3,045
ホイールベース	(mm)	5,300	6,000
トレッド(前／後)	(mm)	2,065/1,820	2,065/1,820
最低地上高	(mm)	130	130
室内寸法(長)	(mm)	9,495	10,195
〃　(幅)	(mm)	2,310	2,310
〃　(高)	(mm)	2,405	2,405
車両重量	(kg)	9,670	9,790
車両総重量	(kg)	13,630	14,080
最小回転半径	(m)	8.3	9.3
エンジン仕様		直4・TI付	
エンジン型式		4HK1-TCH	
総排気量	(cc)	5,193	
最高出力	(kW/rpm)	177(240PS)/2,400	
最大トルク	(N・m/rpm)	735(75kgf・m)/1,400〜1,900	
変速機		6速AT	6速AMT
変速比	①／②	3.486/1.864	6.615/4.095
	③／④	1.409/1.000	2.358/1.531
	⑤／⑥	0.749/0.652	1.000/0.722
終減速比		6.500	
JH25モード燃費	(km/ℓ)	5.35	4.90
ステアリング型式		インテグラル式パワーステアリング付	
サスペンション型式	(前／後)	車軸式空気ばね	
主ブレーキ		空気式	
補助ブレーキ		排気ブレーキ	
タイヤサイズ		275/70R22.5 148/145J	
燃料タンク容量	(ℓ)	160	

三菱ふそうエアロスター〈前扉仕様〉

三菱ふそうエアロスター〈前扉仕様〉 2PG-MP35FP

エアロスター〈前扉仕様〉は2021年に大型路線車・エアロスターシリーズに特別仕様で追加された，送迎・自家用に向けたモデルである。同シリーズには2017年までツーステップの前扉仕様が設定されてきたが，本モデルはワンステップ車がベースである。乗降ステップの1段目に加えて前輪タイヤハウス部分で床をさらに1段上げすることで，タイヤハウスや最後部を除く客室内のほぼ全体でフラットな床面を実現し，車内移動の容易さと快適性を併せ持つ点が特徴である。なお衝突被害軽減ブレーキは装備しないため，高速道路や制限速度60km/h超の自動車専用道路は走行できない。

ホイールベースは路線系ワンステップバスと同様，P尺（6m），M尺（5.3m），K尺（4.8m）の3種類を設定する。P尺の定員例は正席48＋立席25＋乗務員1の計74人で，補助席（最大10）の設置も可能である。動力性能，環境性能，安全装備なども路線系に準じており，2022年12月にはオートライトの採用やEDSSの改良などが図られた。

2PG-／2KG-MP35FP

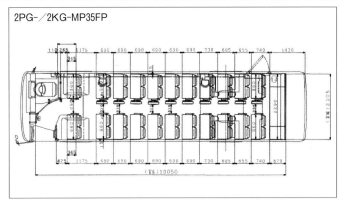

車内例

2PG-MP35FP（芸陽バス，写真：同社）

■諸元表　　　　　　　　　（型式一覧は39ページ参照）

車　名		三菱ふそうエアロスター前扉仕様
型　式		2PG-／2KG-MP35FP
床形状		ワンステップ
乗車定員	(人)	74
全　長	(mm)	11,450
全　幅	(mm)	2,490
全　高	(mm)	3,125
ホイールベース	(mm)	6,000
トレッド(前／後)	(mm)	2,065/1,815
最低地上高	(mm)	165
室内寸法(長)	(mm)	10,050
〃 (幅)	(mm)	2,305
〃 (高)	(mm)	2,270
車両重量	(kg)	10,260
車両総重量	(kg)	14,330
最小回転半径	(m)	9.8
エンジン仕様		直6・TI付
エンジン型式		6M60(T6)
総排気量	(cc)	7,545
最高出力	(kW/rpm)	199(270PS)/2,500
最大トルク	(N·m/rpm)	785(80kgf·m)/1,100〜2,400
変速機		6速AT
変速比	①/②/③	3.487/1.864/1.409
	④/⑤/⑥	1.000/0.750/0.652
終減速比		6.166
JH25モード燃費	(km/ℓ)	4.38
ステアリング型式		インテグラル式パワーステアリング付
サスペンション型式(前)		車軸式空気ばね
(後)		車軸式空気ばね
主ブレーキ		空気油圧複合式
補助ブレーキ		排気ブレーキ，パワータードブレーキ
タイヤサイズ (前／後)		275/70R22.5 148/145J
燃料タンク容量	(ℓ)	160

現代ユニバース　観光仕様・AT車　2DG-RD00

ユニバースは韓国の現代自動車が2006年に発売した大型観光・高速バスである。同社はかつて三菱自動車から技術供与を受けてふそうエアロバスを国産化した時代があるが，ユニバースは完全な自社技術で開発・発売され，韓国市場では圧倒的なシェアを獲得している。日本国内では2008年夏に先行販売を開始，同年秋には輸入車の型式認定（平成17年規制適合）を取得の上，2009年に現代自動車ジャパン（現Hyundai Mobility Japan）から正式発売された。このモデルは本国の最上級グレード「エクスプレス・ノーブル」をベースとしたハイデッカーの右ハンドル車で，2012年には灯火器規制に対応，フロントマスク一新，前後の大型化などを図った。

現行モデルは2017年に発売された平成28年排出ガス規制適合車で，エンジンは直6・排気量10ℓで316kW（430PS），2,060N・mを発生するHエンジン（D6HC型）を搭載，トランスミッションはパワーアシスト付6速MT（ZF製）のほか，2018年に追加設定されたトルコン式6速AT（ZF製エコライフ，ダブルオーバードライブ）がある。また補助ブレーキはエンジンリターダに加え，AT車がトランスミ

日本国内におけるユニバースの略歴（正式発売以降）	
2009. 2	平成17年規制適合車を正式発売《ADG-》
2010.11	平成21年規制適合車に移行《LDG-》
2011. 9	3列独立シート（2×1仕様）を追加
2012. 4	外装を中心にマイナーチェンジ
2013. 8	2013年モデル発売．車高調整装置を標準装備
2016. 1	AEBS，LDWS，VDCを標準装備して発売
2017.10	平成28年規制に適合《2DG-》
2018. 4	AT車を追加
2019.10	側窓形状変更，各部改良
2021. 3	ベーシック仕様を追加設定
2022. 6	EDSSを標準装備

ッションに内蔵される流体式リターダを標準装備，MT車は流体式リターダ（ZFインターダ）をオプション設定する。内装の基本仕様は観光系：4車型（乗客定員45～58人），2×1ワイドシート：2車型（同27・30人），都市間仕様：1車型（同40人，以上MT車の場合）で，いずれも全正席に3点式シートベルトを標準装備する。

Hyundai Universe: The large-size sightseeing and highway coach series introduced by Hyundai of South Korea in 2006. The model has been offered on the Japanese market since 2008. The Japanese model is the right hand drive high decker with the overall height of 3.49m based on the most luxurious model of its native country. The model passed the 2009 emission regulations in November of 2010. The new model is powered by the 312kW engine utilizing the SCR system. The 2016 model is equipped with the automatic brake AEBS, LDWS, and VDC to comply with Japanese regulation.To pass the more stringent emission regulations of 2017, the 12.3 liter engine has been made smaller to 10 liters while maintaining the same output. AT's are being planned for 2018. Model equipped with 6-speed AT (ZF) was added in 2018.

現代ユニバース　ベーシック仕様・AT車
2DG-RD00

現代ユニバース　ベーシック仕様・AT車のリヤスタイルと車内例. 左上は乗客定員45人仕様の車内. 左下は運賃機を備えた路線用の運転席周りの仕様例. ATセレクターは運賃機との干渉を避けるために運転席シート右側に配置する

装備面では乗務員用トランクルーム，車高調整機能などを標準装備，クラリオン製AV機器などをオプション設定する．安全面では衝突被害軽減ブレーキAEBS，車線逸脱警報装置LDWS，車両安定性制御装置VDC，オートクルーズなどを各々標準装備する．

　2019年のマイナーチェンジで後部側窓の形状を変更するとともに，トランクルームのフルフラット化（マット貼り），トランクルームのLED照明，エンジンルーム火災警報装置，リヤフォグランプ，右フロントアンダーミラー，広角バックアイカメラを各々標準装備した．また2021年には路線事業者の要望を受けて廉価版の「ベーシッ

To answer the demands of the route bus operators, a basic variant with simplified equipment and a price that has been decreased by approximately 10,000,000 yen has been added to the line-up. Model equipped with EDSS is planned to be introduced in 2022.

ク仕様」を追加した．これは前後スポイラーの省略による軽量化，フロントガラスの2分割化による修理コスト低減，ホイールのスチール化，タイヤサイズ変更，ワンマン機器装着の容易化，レスオプションの拡大などを図るとともに，路線仕様のAT車は運賃機との干渉を避けるためにATセレクターを運転席右側に配置する．2022年には全車がドライバー異常時対応システムEDSSを装備した．

　販売ディーラーには自動車販売会社，交通事業者，商社などが名を連ねている．メンテナンスはメーカー，ディーラーが契約する全国185カ所で受けられるほか，横浜市内に大規模パーツセンターを設置し，全国への円滑な部品供給を行っている．なお2022年末時点での国内でのユニバースの累計販売台数は約800台である．

【販売価格例＝観光・6速AT・11列：3,417万3,700円，ベーシック仕様・6速AT・11列：2,487万1,000円】

■諸元表

車　　名		現代ユニバース		
型　　式		2DG-RD00		
床 形 状		ハイデッカー		
グレード・仕様		観光	都市間	ベーシック
乗車定員	(人)	47	41	46
全　　長	(mm)	11,990	11,990	11,990
全　　幅	(mm)	2,490	2,490	2,490
全　　高	(mm)	3,535	3,535	3,490
ホイールベース	(mm)	6,120	6,120	6,120
トレッド(前)	(mm)	2,075	2,075	2,075
トレッド(後)	(mm)	1,850	1,850	1,850
最低地上高	(mm)	200	200	200
室内寸法（長）	(mm)	10,775	10,775	10,775
〃　（幅）	(mm)	2,365	2,365	2,365
〃　（高）	(mm)	1,950	1,950	1,950
車両重量	(kg)	12,730	12,640	
車両総重量	(kg)	15,260	14,895	
最小回転半径	(m)	10.3	10.3	10.3
エンジン仕様		直6・TI付		
エンジン型式		D6HC		
総排気量	(cc)	9,959		
最高出力	(kW/rpm)	316(430PS)/1,800		
最大トルク	(N·m/rpm)	2,060(210kgf·m)/1,200		
変速機		6速AT	6速MT	
変速比 ①/②		3.364/1.909	6.435/3.769	
③/④		1.421/1.000	2.259/1.444	
⑤/⑥		0.720/0.615	1.000/0.805	
終減速比		3.909		
ステアリング型式		インテグラル式パワーステアリング付		
サスペンション型式（前）		車軸式空気ばね		
〃　（後）		車軸式空気ばね		
主ブレーキ		空気式		
補助ブレーキ		流体式リタータ	排気ブレーキ, ジェイクブレーキ, 流体式リタータ(OP)	
タイヤサイズ（前/後）		295/80R22.5		
燃料タンク容量	(ℓ)	420		

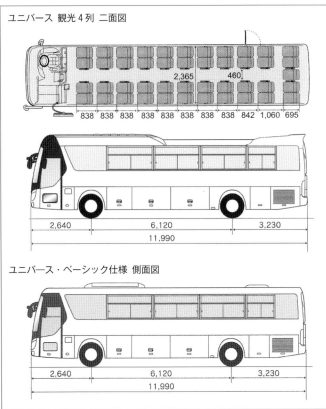

ユニバース　観光4列　二面図

2,365　460

838　838　838　838　838　838　838　838　842　1,060　695

2,640　6,120　3,230
11,990

ユニバース・ベーシック仕様　側面図

2,640　6,120　3,230
11,990

スカニア／バンホール アストロメガ TDX24

スカニア／バンホール　アストロメガTDX24（西日本ジェイアールバス，HK）

　アストロメガはベルギー・バンホール製の2階建てバスである。日本向けのバンホールは1980年代に2階建てバスやスーパーハイデッカーなどが輸入されたが，1997年をもって途絶えていた。しかし生産中止された国産2階建てバスの後継車として外国製の2階建てバスが注目される中で，2016年に再び輸入が始まった。

　現行のアストロメガは全長12m・全幅2.5m・全高3.8m，右ハンドル，非常口扉付，軸重10トン未満など日本の道路運送車両法保安基準を満たしている。開発に際しては過去にバンホールを採用するとともに，初号車を発注した，はとバスのニーズと使用経験が反映されている。またエンジンは日本市場でトラックや連節バスの実績が

あるスウェーデンのスカニア製が選ばれた。

　観光車の乗客定員例は2階席48＋1階席4＋車椅子利用者2の計54人。2020年に加わった夜行都市間用の乗客定員例は2階席（3列独立）29＋1階席10の計39人である。1階へのトイレ設置も可能。また後輪上部には2階建てバスとしては大容量の荷物室を備えているのも特徴である。エンジンは排気量12.7ℓ・ユーロⅥ適合のスカニアDC13型で300kW（410PS）を発生，12速AMTでリターダを内蔵するスカニアオプティクルーズを組み合わせる。衝突被害軽減ブレーキAEB，車線逸脱警報LDWなどを装備。空調機器は独エバスペヒャー製で，日本の環境に応じた冷却能力を備えている。販売・メンテナンスはスカニアジャパンが行う。これまでの販売実績は2016〜2021年の6年間で58台，2022年は6台である。

Scania/Van Hool Astromega TDX24: Double decker coach of Van Hool that was introduced to the market in 2016 by Scania Japan. Even though the right hand drive model with the overall length of 12m, width of 2.5m, and height of 3.8m had been developed to meet the demand of Hato Bus, the operator of city tours which had been seeking a successor to the domestic double decker coach that was discontinued in 2010, the model will be made available to bus operators around the nation. Scania's engine and powertrain were chosen as they have a proven record with trucks in Japan. The model is powered by DC13 engine with the output of 302kW coupled with 12-speed Opticruise.

4列仕様の例

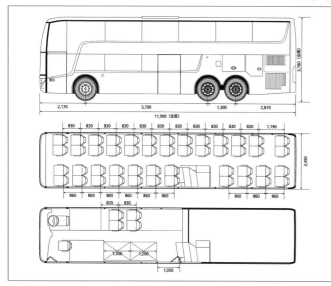

■諸元表

車　　名		アストロメガ
型　　式		TDX24
床 形 状		ダブルデッカー
乗車定員	（人）	56（架装例）
全　　長	（mm）	11,990
全　　幅	（mm）	2,490
全　　高	（mm）	3,780
ホイールベース	（mm）	7,000（5,700＋1,300）
室内寸法（長）	（mm）	1階：4,000，2階：11,090
〃　（幅）	（mm）	2,340
〃　（高）	（mm）	1階：1,675，2階：1,614
車両重量	（kg）	16,050
車両総重量	（kg）	19,130
最小回転半径	（m）	10.9
エンジン仕様		直6・TI付
エンジン型式		DC13
総排気量	（cc）	12,742
最高出力	（kW/rpm）	302（410PS）/1,900
最大トルク	（N・m/rpm）	2,150/1,000〜1,300
変速機		12速AMT
サスペンション型式		空気式（電子制御）
主ブレーキ		空気式・ディスク
補助ブレーキ		排気ブレーキ，流体式リターダ
タイヤサイズ		295/80R 22.5
燃料タンク容量	（ℓ）	490

東急テクノシステム 株式会社

　東急テクノシステムは1940年に東急系の電車・バスの修理を端緒に創業した企業である。バスは現在，神奈川県川崎市の自動車工事部で，新造車の二次架装，使用過程車の改造・車体更新・修理など幅広い業務を行っている。ベース車の機能はそのままにオリジナリティに富んだ製品を生み出しており，立山黒部貫光の「E〜SORA立山パノラマバス」，富士急バスの「GRAND BLEU RESORT」，三越伊勢丹旅行の「プレミアムクルーザー」などのハイグレード観光バスや，三重交通の路面電車型「神都バス」，2階建てオープントップバス，運転訓練車などを数多く手がけている。特に近年は運転訓練車の製作例が多く，これまでに一般路線車ベースで15台，高速車ベースで3台を製作した。

　また，同社では以前より中型車RR（日野／いすゞ）および小型車XZB（トヨタ／日野）のリフトバス改造も行っており，車椅子利用者が安全に利用できる車両を製作している。それに加え，直近では電気バスの二次架装（ワンマン機器取り付け）も手がけている。

●東急テクノシステム㈱ 営業戦略部
☎ (044) 733-4211
https://www.tokyu-techno.co.jp

西武バスが2021年に導入した運転訓練用の研修車「S-tory prologue」。いすゞエルガAT車をベースに，車内にはAIを駆使した最新の訓練機器が装備されている

中京車体工業 株式会社

　中京車体工業は創業から78年という長い歴史を誇る改造メーカーである。日野リエッセⅡ／トヨタコースターなどの二次架装・改造，トラックシャーシーのバス型特種車（検診車等）のボデー架装などで高い評価を得ている。このうち小型バスの二次架装・改造については，部品装着，車椅子用リフトや補助ステップの装着，レイアウト変更が容易にできる「ハンディシート」の装着，ボデー延長を含む各種改造など，顧客のあらゆるニーズに対応している。

　同社は2022年5月にこれまでの名古屋市緑区から，愛知県豊明市に本社・工場を移転した。新たな工場は，システム建築により無柱空間を実現し，車両のサイズに応じてレイアウトを柔軟に変更できるような構造にしている。

　2022年秋の第8回バステクin首都圏にはスーパーハイルーフ車両を出品した。日野のリエッセⅡをベースに全高を350mm嵩上げしている。外装色をマットブラックにし，車内右側には機内持ち込み手荷物上限サイズに対応する荷物棚を設置するとともに，運転席にはドイツ製のレカロシートを装着している。

●中京車体工業㈱ ☎ (0562) 98-0020
www.syatai.jp

日野リエッセⅡをベースにしたスーパーハイルーフ車

無柱空間を実現した工場内部。柔軟なレイアウト変更が可能な本社工場

株式会社 エムビーエムサービス

エムビーエムサービス（MBMS）は富山市に本社を置く，自動車部品メーカー・ビューテックのグループ企業である。1976年，当時の呉羽自動車工業のバス完成車の陸送業務を端緒に創業，車検整備やバス部品加工などの業務を経て，2010年からは三菱ふそうバス製造（MFBM）の隣接地で，三菱ふそう車を主体とするバスの二次架装・改造を行っている。特に二次架装車が国内販売総数の80%を占めるとされる小型バス・ローザについては，これらの約8割を担当しており，路線仕様やハイグレード観光車なども数多く製作している。このほか大型観光車の車椅子利用者用のエレベーター付車両の架装，2階建てバスのオープントップ改造などの実績も多い。2016年には大型2台・小型7台が同時に施工できる架装工場を新築，より高い品質と短納期化を実現した。

独自の製品として，小型バスの車内後方を荷室として有効活用できる「マイクロバス後部荷物室架装」，幼児車用の「保護ベルト」などがある。

●㈱エムビーエムサービス　☎(076)466-2485
https://mbms.info/

エムビーエムサービスの代表的な製品から，三菱ふそうローザの路線仕様．小規模需要路線の使用環境に即した使い勝手や安全性が盛り込まれている．車内は濃飛乗合自動車の4WD車．外観は三重交通

株式会社 フラットフィールド

　フラットフィールドは1995年に低公害車の開発を目的として創業した改造メーカーである。創業よりCNG改造を中心に事業を行い，各自動車メーカーのトラック・バスに対応，これまでに商用車・乗用車を含めると1,000台以上の改造実績がある。

　こうした改造・開発・試験経験を生かし，新たなるエネルギーの実用化に挑戦し，大学などと協力して水素燃料バスや水素ハイブリッドトラック，燃料電池塵芥車，燃料電池船，燃料電池システムなどの開発・製作も行ってきた。2008年から開発・製造を開始した電気バスやハイブリッドバスは，営業用も含め40台以上の製造実績がある。近年はレンジエクステンダー電気バスや，パンタグラフによる超急速充電に対応した大型電気バスの改造も開始した。さらに，水素や電気エネルギーの実用経験を生かした燃料電池車の開発や自動運転バスの開発も行っている。

　同社が製作するバスは，豊富な改造経験，高い技術力による信頼性，多様なシステムへの幅広い仕様対応力などが特徴である。

●㈱フラットフィールド ☎(046)220-0670
https://www.flatfield.co.jp

改造バスの例．2021年11月，環境省の「吉野山における環境配慮型２次交通（EVバス）実証実験」で，吉野熊野国立公園において２台が使用された電気バス

株式会社 東京アールアンドデー／株式会社 ピューズ

　東京アールアンドデー（R&D）は，1984年からEV（電気自動車）の開発を手がけ，スクーター，レーシングカー，バス，トラックなど様々な車種のEVに関する開発・製造を行っている。

　また東京R&Dは，1999年にEVシステムの開発，製造，海外を含む部品販売を行うグループ会社としてピューズを立ち上げた。これに伴い東京R&Dを研究開発機関と位置付け，ピューズが駆動モーター，駆動バッテリーパック，制御システムなどEVの主要コンポーネントを製造供給する体制を整えた。2000年に最初の電気バスのデリバリーを開始したのを皮切りに，2010年代以降は2014年に東日本旅客鉄道の気仙沼BRT向けの中型電気バス，2017年はマレーシア向けに13台の電気バス，2020年は横浜市向けの電気バスを納入している。

　さらに2016年からFCEV（燃料電池車）の開発・製造にも本格的に取り組んでいる。FCEVについては，より大きな電力エネルギーが発生でき，短時間での搭載・充填が可能という圧縮水素の長所を活かして車両の開発を行っている。2018年には燃料電池小型トラックの開発・実証を行い，2022年春には小型燃料電池バスを新潟県へ納入した。

　東京R&Dでは，商用車に限らず数多くの大手自動車メーカーなどからの受託によるモビリティ開発支援を行っており，それらに裏打ちされた技術力と実績が特徴となっている。

●㈱東京アールアンドデー ☎(046)227-1101　http://www.tr-d.co.jp
●㈱ピューズ ☎(046)226-5501　htttp://www.pues.co.jp

改造バスの例．2022年春に新潟県に納入された，日野ポンチョベースの小型燃料電池バス

株式会社 シンクトゥギャザー

　シンクトゥギャザーは，2007年に創業した電気自動車の開発・製造を行う事業者で，群馬県桐生市に本社を置いている。同社の製品は数多くの小径タイヤに窓ガラスのない四角いボデーが特徴の小型電気バス「eCOMモビリティ」（以下eCOM）が主力である。eCOMは，20km/h未満で走行する超小型電動バスとして2011年に開発され，近年は「グリーンスローモビリティ」とも呼ばれ現在全国で約50台が稼働している。これらは桐生市の市内周遊をはじめ，富山の宇奈月温泉，群馬の谷川連峰の一ノ倉沢，東京・池袋，大分市，宮崎市などで周遊・送迎バスとして営業運行するほか，群馬大学の自動運転試験車両としても使用されている。

　eCOMの駆動方式は各輪をそれぞれモーターで駆動するもので，バッテリーはリチウムイオン電池を床下に搭載する。座席配置は対座ベンチシートが標準である。８輪で乗車定員10人の「eCOM-8^2」と，10輪で同16〜23人の「eCOM-10」の２車型に加え，７人乗りの「eCOM-4」もラインアップしている。なお同社が製造するeCOMは，受注生産で型式指定車両ではないため，カスタマーの要望に応じた仕様を製作できるのが大きなポイントである。

●㈱シンクトゥギャザー ☎(0277)55-6830
https://www.ttcom.jp

2022年４月に栃木県日光市で運行開始した定員21人のeCOM-10

高速バスをより快適に！

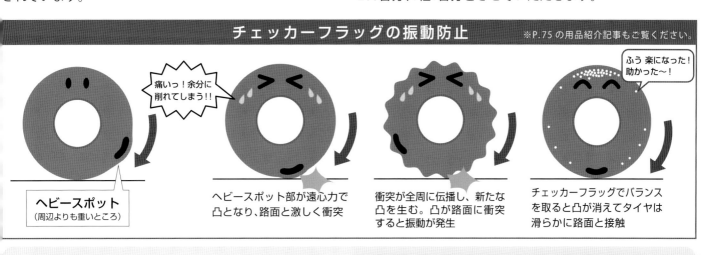
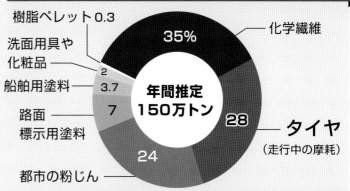

お客様の稼働を止めない。

ブリヂストンは新たな社会価値・顧客価値を共創し、輸送業界を足元から支えていきます。

全スタッフが一体となって
お客様のニーズに即応できる
店舗を目指しています。

店長　中島 和彦

日々の安全運行のため、
先を見据えたメンテナンスを
迅速・丁寧に行っています。

サービス　坂口 拓也

常に安全作業を心掛け、
お客様に納得いただける
メンテナンスを心掛けています。

サービス　水野 裕貴

トラブルを未然に防ぐための
商品・サービスをわかりやすく
お客様にご案内しています。

営業　今川 良太

急な対応依頼の際でも
店長やスタッフと相談しながら
可能な限り最善の対応を行います。

フロント　宮本 美奈子

徹底した品質管理のもとで
信頼性の高いリトレッドタイヤ
ご提供いたします。

サービス　小田 真矢

株式会社ブリヂストン

[お客様相談室] フリーダイヤル 0120-39-2936
受付時間：月〜金（土日・祝日および指定休日は除く）9:00〜17:00
https://tire.bridgestone.co.jp

BRIDGESTONE
Solutions for your journey

世界のバスのベンチマークと目されているヨーロッパのバスは，温暖化の抑制など環境意識を背景に，電動化が積極的に推進されてきた。駆動系部品やシャーシーを外部から調達し，ボデー架装する純粋なコーチビルダーがいち早く電動化に取り組み，続いて数々のスタートアップ企業が市場に切り込んできた。電動化に対し慎重姿勢だったエンジンメーカー系コーチビルダー各社もこの数年でEVを市場に投入し，スタートアップ企業並みに毎年のように改良を重ねて最新の技術トレンドに追従し，むしろ牽引するブランドも出てきた。老舗メーカーは長年にわたり培われた技術力や信頼性，サービス面のバックアップ体制，また量産対応力などを背景に，欧州全域で台数を一気に増やしている。

EVの航続距離はバッテリーに大きく依存する。1日の稼働に無理なく充電を組み込めるシティバスではEVが着実に増えており，あえてバッテリー搭載量を減らす代わりに稼働中の急速充電を行い，航続距離と乗客定員，価格の最適化を追求することも珍しくない。一方で都市間高速路線や貸切用途では未だEVの制約が大きく，ディーゼル車が主力である。また，より環境負荷の小さいCNG（圧縮天然ガス）仕様が広く設定されるほか，燃料搭載量が飛躍的に高まるLNG（液化天然ガス）は北欧と南欧のメーカーが市場を牽引する。

現在のバッテリーは重量および体積エネルギー密度で液体燃料に遠く及ばず，バッテリーメーカーはブレークスルーを目指して技術開発を競っている。リチウムイオン電池はエネルギー密度が高いが高価な三元系NMC（ニッケル・マンガン・コバルト）やNCA（ニッケル・コバルト・アルミニウム）と，低廉かつ燃えにくいがエネルギー密度に制約のあるLFP（リン酸鉄リチウムイオン）が主流で，

前者は欧州系，後者は中国系の技術を導入した車両が採用する傾向がある。また急速充電を繰り返しても劣化しにくく，安全性も高いLTO（チタン酸リチウム）電池も，他のバッテリーよりも高価にも関わらず少しずつ採用車種が増えている。次世代の切り札と目されている全固体電池は発展途上であり，いち早く一部のメーカーが搭載モデルを設定した全固体電池も安定作動には高温が必要など，まだ実証段階にあるのは否めない。航続距離の面でバッテリーと比べ大きなメリットが得られる水素燃料電池はシティバスが量産化されたほか，観光タイプでもプロトタイプ車が登場している。しかし車両ライフに満たない寿命や価格など，こちらも解決すべき課題が多い。

バスは量産モデルといえどもユーザーごとに異なる仕様対応が必須で，生産は労働集約型と言える。そのためEUの統合が進むに連れて，老舗メーカーでさえ設計開発部門を母国に残す一方で，生産工場は賃金の低廉なエリア＝東欧諸国に移転する動きが強まっていた。またEU隣接国に工場を建設するメーカーもあり，EUと経済協定を結び無関税で輸入できるトルコは今や欧州ブランドの一大生産拠点となっている。トルコでは技術力を高めた地場メーカーが勃興し，オリジナルモデルもEU域内で存在感を高めつつある。ロシアもトルコ同様に複数のメーカーが生産拠点に育ちつつあり，また地場メーカーも西欧への輸出を図ってきたが，2022年2月のロシアによるウクライナ侵攻に伴いいずれも中断した。

今回の海外バスカタログでは，路線車7モデルと観光車2モデルを取り上げる。大半のモデルはEVのほかディーゼルやCNGなどエンジン仕様も設定されるが，電気バス専業メーカーのみならず老舗メーカーでも電動駆動系しか設定されないモデルが出てきた。

ドイツのスタートアップ・クオントロンが2022年に発表したシザリス。急拡大する電気バス市場に，様々な分野から新規参入が相次ぐ。その多くか技術開発は行うが製造は外部に委託するファブレス企業という点も従来の自動車産業と異なる

ドイツ

メルセデス・ベンツ シターロ

メルセデス・ベンツ eシターロ12m車．
発表から2年あまりで改良が行われた

メルセデス・ベンツのシターロは1997年の初代デビューから25年を迎え，現在は2011年に登場した第2世代エンジン車と，2018年に登場した電気バスeシターロで構成される。初代のシリーズ累計生産台数は3万2,000台超を数えるベストセラー車であり，現行モデルも3万台に迫りつつある。

現在のラインアップは，全長12.1m単車：シターロ，同10.6m単車：シターロK，全長18.1m連節車：シターロG，全長19m連節車：キャパシティ，21m連節車：キャパシティLで構成される。いずれもノンステップ車で，12m車にはローエントリー（前中扉間ノンステップ）のシターロLEが設定される。また近郊・短距離都市間向けに全長12m級ノンステップ車シターロÜ，ローエントリー車LE Ü，連節車GÜのバリエーションを設定する。なお15m級3軸車シターロLはカタログから落とされた。駆動系は排気量7.7ℓのOM936型直6ディーゼル（出力220kW）とフォイトDIWA4速ATが標準で，連節車の高出力仕様とキャパシティは出力10.7ℓのOM470型（出力265kW）を設定する。またM936G型天然ガスエンジンも設定される。

eシターロは2021年9月の改良で，新世代NMC3バッテリーを採用した。ドイツのアカソルが供給する新型円筒形セルの重量エネルギー密度は，従来比約1.5倍まで高まった。バッテリーパックはセル600本で構成され，稼働時は25℃程度になるよう水冷制御されてライフの極大化を図る。1パックあたり総電力量は98kWhで，単車は4～6パック，連節車は4～7パックを搭載する。標準的な運行環境ではライフを通じて一充電あたり220km程度の航続距離があり，最適な環境では300km超も可能という。充電は夜間の普通充電が標準で，ターミナルなどでの急速充電にはオプション対応する。急速充電は車載パンタグラフのほか，地上施設からパンタグラフが下降する充電レール方式が設定され，充電レールは最大300kWの大出力で充電が可能である。なお充電は負荷が小さい普通充電方式が推奨され，その場合の充放電サイクルは4,000回，およそ10年のライフに相当する。

このほかeシターロでは，2021年から全固体電池仕様が設定された。この電池はフランス・ボロレ傘下のブルーソリューションズ製金属リチウムポリマー電池（LMP）で，総電力量は1パックあたり63kWhである。全固体電池は最大7パック搭載可能で，一充電あたり航続距離は単車が最大320km，連節車が同220kmである。

シリーズ最長のキャパシティL．一度に客席146，座席45の計191人を輸送できる

		メルセデス・ベンツ	
		eシターロ	eシターロG
扉　　数		3	4
定員例（座席数）	（人）	77	136
全　　長	（mm）	12,135	18,125
全　　幅	（mm）	2,550	2,550
全　　高	（mm）	3,400	3,400
ホイールベース	（mm）	5,900	5,900+5,900
ステップ地上高	（mm）	320	
室　内　高	（mm）	2,021～2,313	
許容総重量	（kg）	20,000	20,000
最小回転半径	（m）	10.6	11.5
モーター		ZF AVE130	
仕　　様		インホイール	
定格／最高出力	（kW）	60／125×2	
最大トルク	（N・m）	485×2	
駆動バッテリー		三元系Li-ion	LMP全固体
標準パック数		6	7
バッテリー標準容量	（kWh）	198	441
（〃オプション時）		（最大396）	（最小378）
懸架方式	（前）	ZF 82 RL EC独立懸架	
	（中）	ZF AV133車軸懸架	
	（後）	ZF AxTrax AVE 車軸懸架（駆動軸）	
タイヤサイズ		275/70R22.5	275/70R22.5
航続距離	（km）	170	190

ドイツ

MAN
ライオンズシティ

ディーゼル技術にこだわってきたMAN
が市場に投入したライオンズシティ12E

MANライオンズシティは1996年にA20として登場し，2004年にライオンズシティと名付けられた。現行モデルは2018年に発表された第2世代で，単車は全長12mノンステップのライオンズシティ，同M：10.5m，C：13.7m，L：14.7m，連節車はG：18m，GL：18.75mが設定される。ノンステップが基本だが10.5m車を除きローエントリー仕様がある。また近郊・短距離都市間向けに全長12mノンステップ車と11.8mローエントリー車をラインアップする。

第2世代のボデーはアルミ素材を積極採用したほか，強度が不要なパネル類ではスチール骨格を廃止するなど，従来比500kgもの軽量化を実現した。搭載エンジンは12m単車がD1556LOH型（排気量

9ℓ，出力206／243／265kW），13.7m超の単車と連節車はD2066LOH型（排気量10.5ℓ，出力235／243／265kW），12m級ローエントリー車にはD0836LOH型（排気量6.9ℓ，出力212kW）を設定する。特徴的な装備として，小型モーターとスーパーキャパシタを組み合わせたMANエフィシエント・ハイブリッドのオプションがあり，減速エネルギーの回生とエンジン再始動，停止時の車両電力供給を行う。

2019年に電気バス・ライオンズシティEが発表され，全長12.2m単車は2020年から，18.1m連節車は2021年から各々生産が始まった。2023年には10.5m車のライオンズシティ10Eを新たにラインアップ予定である。単車・連節車とも駆動系は共通で，単車は後軸を，連節車は中軸と後軸に各々設置されたモーター（定格出力160kW）で駆動する。走行用バッテリーはVWグループのモジュールキットを採用し，総電力量は10.5m車が320／400kWh，12m車が320／400／480kWh，連節車が480／560／640kWhである。一充電あたり航続距離はおよそ200kmで，最適条件では270kmに及ぶ。早くも次世代バッテリーの開発が行われており，一充電あたり400kmの航続距離を目標に2025年頃の改良が予告された。なおライオンズシティは全車ポーランドとトルコで生産される。

← リヤスタイル

コンポーネントレイアウト。バッテリーや制御システム類を全て屋根上に置き，客室を最後部まで有効活用する

		MANライオンズシティ	
		12E	18E
扉 数		3	4
定員例（座席数）	（人）	最大104	最大146
全 長	(mm)	12,200	18,100
全 幅	(mm)	2,550	2,550
全 高	(mm)	3,320	3,320
ホイールベース	(mm)	6,005	5,200+6,680
オーバーハング	(前) (mm)	2,775	
	(後) (mm)	3,405	
許容総重量	(kg)	19,500	29,900
モーター仕様		シングルモーター	ツイン（中・後軸）
定格／最高出力	(kW)	160/240	267/320
最大トルク	(N·m)	2,100	3,500
駆動バッテリー		三元系Li-ion	三元系Li-ion
総 容 量	(kWh)	320/400/480	480/560/640
懸架方式	（前）	独立懸架	
	（中・後）	車軸懸架	
タイヤサイズ		275/70R22.5	275/70R22.5
航続距離	(km)	270～350	

67

バンホール
Aシリーズ

電動駆動系に徹した次世代の
シティバス，バンホールA12

　ベルギーのバンホールは，2022年6月にシティバスをフルモデルチェンジした。先代は2002年に登場し2015年にフェイスリフトされたA330である。新型Aシリーズは電動駆動系に特化したバスで，バッテリー，燃料電池，トロリーの3タイプを設定する一方で内燃機関を設定しない。車型は全長12mおよび13m単車と18m連節車，24m3車体連節車を設定し，A＋全長の組み合わせで表記される。

　新型車の開発に際しては，航続距離の最大化をねらいモジュラー構造と軽量化が徹底された。フレームとボデー骨格は耐久性のある高張力ステンレス鋼を採用し，強度と軽量化を両立した構造を実現した。ボデーパネルは軽量なコンポジット素材と接着構造の多用で

軽量化を図った。ルーフは単体で強度を持つサンドイッチパネルで，バッテリーや制御ユニット，エアコンユニットなどのマウント部は共通のモジュラー構造である。コンポーネントの着脱が容易になり，将来的な機器類のアップデートや交換，補修を容易にしてサステナビリティに貢献する。空調装置も新型となり，ヒートポンプ式暖房は駆動系の熱も回収することでエネルギー効率を高めている。

　フロントマスクは空力性能を最大限に考慮した形状で，客室も含め窓ガラスを大型化して視野の拡大と外光の取り込みをねらう。運転席は客室空間と隔壁で分離する独立コンパートメントタイプが標準で，運転席周りのレイアウトはあらかじめドイツ公共交通事業者協会（VDV）の要求仕様を満たすものとした。

　バッテリーEV仕様の駆動系は単車・連節車ともZF製インホイールモーターAxTrax（1軸あたり出力140kW×2）を採用し，単車は後軸を，連節車は後軸および後々軸を駆動する。バッテリーはアカソル製で，総電力量は単車が最大588kWh，連節車が同686kWhである。燃料電池車はバラード製FCムーブHD型水素燃料電池システム（出力70kW）とフランスのアクティア製バッテリー（総電力量24kWh）を組み合わせる。また駆動系自体もシーメンス製PEM2016型モーター（出力160kW）で後軸を駆動するセントラルドライブ方式である。

ガラス面積が拡大した客室。エンジンルームがなく最後部まで有効活用する

フラットでクリーンなリヤデザイン．リヤリッドは大きく開口し整備性を確保

		バンホール	
		A12	A24トロリー
扉　数		3	5
定員例（座席数）	（人）	94（41）	（座席65）
全　長	（mm）	12,225	24,705
全　幅	（mm）	2,550	2,550
全　高	（mm）	3,400	3,400
ホイールベース	（mm）	5,790	5,790+6,510+6,510
オーバーハング	（mm）	2,825	2,825
	（mm）	3,610	3,070
ステップ地上高	（mm）	320～340	320～340
室内高	（mm）	2,300	2,300
モーター		ZF AxTrax AVE	n.a.
仕　様		インホイール	セントラルドライブ×2
最高出力	（kW）	140×2	160×2
駆動バッテリー		三元系Li-ion	LTO
総　容量	（kWh）	588	60
航続距離	（km）	250	−

EBUSCO 2.2/3.0

EBUSCO 3.0 連節バス. 寒冷なノル
ウェーの首都オスロ周辺で運行される

オランダの電気バスメーカーEBUSCOは，2012年に参入した電気バス専業メーカーである。同社は搭載電池や充電装置を自社開発するのが強みで，走行用バッテリーはリン酸鉄リチウムイオン電池である。急速充電は電池への負荷が大きく，繰り返すと航続距離や寿命への影響が避けられないが，大容量とすることで運行途中の急速充電を行わずに夜間充電のみでディーゼル車と同等の運用を可能とした。高価な急速充電インフラの整備も不要で，ライフトータルでの事業者のTCO削減を訴求する。EBUSCOは現在，同クラスの大型シティバス2.2と3.0を並行してラインアップする。

製品第1号となった1.0からアルミニウム製軽量ボデーを採用し，発売後は短いスパンでバッテリーの大容量化や高電圧化，モーター高出力化など各部の改良を重ねて2.1，2.2へと進化し，2022年10月には右ハンドル仕様が追加された。2.2は全長12／13／13.5m単車と18m連節車を設定し，駆動系はZF製インホイールモーターアクスル（AxTrax）を採用した。走行用バッテリーは単車・連節車とも350／400／500kWhの3タイプで，大容量バッテリーを搭載するにも関わらず車両重量は12m車が13,580kg，18m車でも19,000kgに抑えられている。一充電当たり航続距離は最大350kmである。

3.0は2019年10月に発表された最新モデルで，炭素繊維製フレーム材，コンポジット材や炭素繊維強化プラスチック製パネル，ボデー各部の構造の見直しなどを行った。強度や耐久性，安全性を犠牲にすることなく一層の軽量化を実現し，12m車の車両重量は9,500kgに過ぎない。サイドウォールは発泡剤を充填したコンポジットパネルを採用し，軽量化に加えて遮熱性を高めてエアコン効率を改善しており，これも航続距離の延長に寄与する。

3.0は12m単車に加えて，かねてより登場が予告されていた18m連節車が2022年12月にデビューした。連節車は後軸・後々軸にスーパーシングルタイヤを選択可能にするなど軽量設計を追求しており，空車重量はわずか14,500kgに抑えられた。3.0の駆動系もZF AxTraxだが，バッテリーは単車が250／350kWh，連節車が350／500kWhの2種類に集約された。軽量ボデーは航続距離の延長に大きく貢献しており，一充電あたり航続距離は単車が最大575km，連節車は700kmもの性能が謳われている。充電の所要時間は，単車が3〜4.5時間程度，連節車が4〜6時間程度である。

創業以来EBUSCOの車両は中国の厦門で委託生産されてきたが，同社は3.0の発売に合わせて，オランダ・北ブラバント州ドゥールネに工場を新設し，欧州で生産を始めた。これによりコンポーネントや完成車を長距離輸送する際の温暖化ガス排出の削減もねらう。

EBUSCO 2.2 右ハンドル仕様.
オーストラリア向けに開発された

		EBUSCO	
		2.2〈単車〉	3.0〈連節〉
扉　数		3	4
最大乗車定員	（人）	90	150
全　長	(mm)	12,000	18,000
全　幅	(mm)	2,550	2,550
全　高	(mm)	3,250	3,190
ホイールベース	(mm)	5,850	n.a.
ステップ地上高	(mm)	340	340
室内高	(mm)	2,350	2,350
車両重量	(kg)	13,580	14,500
モーター		ZF AxTrax AVE	
仕　様		インホイール	
定格／最高出力	(kW)	60/125×2	
駆動バッテリー		リン酸鉄Li-ion	リン酸鉄Li-ion
総容量	(kWh)	350/400/500	350/500
タイヤサイズ		275/70R22.5	275/70R22.5
航続距離	(km)	最大450	最大700

イベコ・ストリートウェイ／オトカル・ケント

イベコ・ストリートウェイ12m

イタリア系多国籍商用車メーカー・イベコは，現在イタリア，フランス，チェコの３カ国に工場があり，ミニバスから大型観光バスまで幅広く展開する。同社は2020年にトルコのオトカルと協業について合意し，2021年９月に新型車ストリートウェイが誕生した。実際にはオトカルが2009年に発売したケントCがベースだが，フロントマスクを手直ししたほか，一部にイベコグループのコンポーネントを採用している。ストリートウェイがねらうのは，南欧や東欧，アフリカ，アジア諸国など価格志向性の強いマーケットである。

ストリートウェイ／ケントはスチール製骨格にアルミパネルを接着してボデーを組み上げており，ルーフ部はグラスファイバーでポリスチレンを挟んだ軽量サンドイッチパネルである。基本構造を共有しつつもイベコとオトカルでは差別化を図っており，ストリートウェイは全長12m級単車，18mおよび18.75m連節車を展開する。駆動系はイベコグループのFPT製クルソル９型ディーゼル／CNGエンジンと，フォイトまたはZF製トルコンATを組み合わせる。排気口はイタリアやフランス，ベルギーで広く採用されているルーフ排気仕様が標準で，他の国では一般的なバンパー下部排気口をオプション扱いとした。足回りはイベコ内製ではなく，ケントCと共通のZF製である。外観面では独自のフロントマスクに加え，欧州のトレンドに沿ったウィンドーグラフィックをフィルムで表現する。

オトカル・ケントCは，全長12m単車，18mおよび18.75m連節車に加え，短尺10.8m車や21m長尺連節車があり，カミンズやDAF，ドイツ社製エンジンを搭載するがFPTは設定しない。ケントCはチェコやルーマニアなどで採用されたほか，左側通行のマルタに右ハンドル仕様を輸出している。

e-ケントCは2021年に登場した電気バスで，車体後部左側に搭載したモーターで後軸を駆動するセントラルドライブ方式である。フロントマスクはEV専用デザインとなり，大型液晶パネル２面を備えたグラスコックピットを採用するなど運転席周りも見直された。走行用バッテリーはドイツのベバスト製三元系リチウムイオン電池で，容量は１パックあたり35kWhである。総電力量210／280／350kWhの３タイプを設定しており，水冷することで安定作動と寿命の最適化を図る。一充電あたり航続距離は300kmである。

ちなみにオトカルは1963年にマギルス・ドイツのバスのライセンス生産から事業をスタートしたトルコの商用車メーカーで，現在はミニバスから大型観光車まで幅広い自社設計モデルを展開する。

オトカル・e-ケントC．オトカルのオリジナルモデルで，ディーゼル車と異なるEV専用マスクを持つ

		イベコバス ストリートウェイ	オトカル e-ケントC
扉　　数		3	3
定員例	(人)	n.a.	74
全　　長	(mm)	12,000	12,000
全　　幅	(mm)	2,540	2,540
全　　高	(mm)	3,245	3,450
ホイールベース	(mm)	5,900	5,900
ステップ地上高	(mm)	330	n.a.
室　内　高	(mm)	2,438	n.a.
許容総重量	(kg)	20,000	n.a.
最小回転半径	(m)	11.6	n.a.
エンジン／モーター		FPTクルソル9	フォイトVEDS MD
排　気　量	(ℓ)	8,709	-
最高出力	(kW)	228	250
最大トルク	(N·m)	1,300	2,850
駆動バッテリー		-	三元系Li-ion
バッテリー標準容量	(kWh)	-	210/280/350
タイヤサイズ		275/70R22.5	n.a.
航続距離	(km)	-	300

チェコ／トルコ

シュコダ36BB／テムザ・アヴェニュー・エレクトロン

　チェコのシュコダ・トランスポーテーションは2021年に電気バス36BBシリーズを発表し，バス事業に復帰した。同社はかつてカローサ（現イベコバス）の車体を使いトロリーバスを製造していたが，今回はトルコのテムザ・アヴェニュー・エレクトロンをベースに自社製の電動駆動系を搭載する。36BBシリーズはE'シティ電気バス，H'シティ燃料電池バス，36Trトロリーバスで構成される。E'シティのモーターは耐久性と起動トルクに優れた非同期電動機が標準で，コンパクトで効率性の良い永久磁石型同期電動機をオプションとする。三元系リチウムイオン電池による走行用バッテリーは総電力量266kWhで，一充電あたり航続距離は100km超である。E'シティには2極型パンタグラフによりトロリーバスの架線から充電可能な仕様が設定された。トロリーバスが導入されている都市では，新たにインフラを構築することなく公共交通の電化を進められることをメリットとして訴求する。

　H'シティはE'シティと共通のボデーに出力72kWの固体高分子形燃料電池を搭載し，ルーフ上に水素を350Barで計39kg搭載する。走行用バッテリーは総電力量22.9kWhで，一充填あたり航続距離は350km超と発表された。燃料電池のサプライヤーは公表されていな

いが，シュコダは2019年にドイツのプロトン・パワー・サプライズと燃料電池バスの共同開発を行うことを発表している。

　アヴェニュー・エレクトロンは2019年に発表された電気バスで，デーナTN4SUMOモーター（出力250kW）とZF製アクスルを組み合わせたシングルドライブ方式を採用した。三元系リチウムイオン電池を走行用バッテリーに採用し，総電力量240／300／360kWの3タイプを設定して一充電あたり航続距離は最大400kmに達する。

シュコダはトロリーバスの架線から集電可能なパンタグラフをオプション設定する。なお純トロリーバスの36Trもラインアップしている

↓テムザ・アヴェニュー・エレクトロン．EU域内ではルーマニアの複数の都市で採用が始まった

		シュコダ E'シティ	テムザ アヴェニュー・エレクトロン
扉　　数		3	3
定員例	（人）	80	85
全　長	(mm)	12,095	12,095
全　幅	(mm)	2,550	2,550
全　高	(mm)	3,300	3,237
ホイールベース	(mm)	5,805	5,805
許容総重量	(kg)	19,000	n.a.
モーター		n.a.	デーナTM4
仕　様		非同期電動機	永久磁石同期電動機
最高出力	(kW)	160	250
最大トルク	(kWh)	n.a.	2,700
駆動バッテリー		三元系Li-ion	三元系Li-ion
バッテリー標準容量	(kWh)	266	240/300/360
航続距離	(km)	100	350

スウェーデン スカニア・インターリンク

スカニア・インターリンクはオムニエクスプレスの後継モデルとして2016年に発売された，貸切および都市間路線向けハイデッカーバスである。2022年に近郊・短距離都市間路線をターゲットとする新型インターリンクが登場した。新型モデルは路線タイプのフロントマスクを備えるスタンダードデッカー車で，改良されたシャーシーに一新されたボデーを架装する。

新型インターリンクの駆動系は，排気量6.7ℓのDC07型（燃料：ディーゼル／バイオディーゼル／HVO〈水素化植物油〉，出力206kW），同9.3ℓのDC09型（同，出力206/235/265kW）および同9.3ℓのOC09型（燃料：天然ガス／バイオ天然ガス，出力206/250kW）のほか，DC09型とモーター（出力130kW）を組み合わせたハイブリッド仕様も設定される。またガスエンジンはCNGとLNGが用意される。変速機はZFエコライフ2型6速トルコンATとスカニア・オプティクルーズ12速AMTが選択できるが，ハイブリッド車はオプティクルーズのみである。ボデーは2軸車が10.9〜13.3m，3軸車が13.7〜15mで，全高はディーゼルおよびLNG車が3.31m，ハイブリッド車が3.53m，CNG車が3.64mである。新型ボデーには輸送力強化をねらった長尺2軸車と，短尺CNG車が新設定された。

シャーシーは前軸周りが改良されて許容軸重が500kg増加したが，

近郊・短距離都市間路線向け新型インターリンク

これは特にルーフ部に燃料容器を配置するガスエンジン車の重量バランス改善に寄与する。前輪の車軸式サスペンションも改良され，乗客定員増が可能となったほか，前輪独立懸架が指定可能となり，快適性が向上した。新型インターリンクはエンジンや変速機の効率向上とアイドリングスタート＆ストップ機構の採用，車体の軽量化などで，従来よりも8％もの燃費向上を果たした。

近郊・短距離都市間路線を主用途に想定するため高床式レイアウトにより容積3〜7㎥のトランクを確保し，また中扉に車椅子リフトを装着可能として利便性の向上を図っている。

イギリス プラクストン・パンサーLE

アレキサンダー・デニス（ニューフライヤーグループ）傘下のプラクストンは1907年に創業した老舗コーチビルダーで，現在はアレキサンダー・デニスグループ内で観光ボデー架装を担当する。

プラクストン・パンサーは1999年に初代が登場したハイデッカーである。現行モデルは第3世代で，豪華貸切バスから路線運用まで対応可能な汎用モデルに位置づけられている。バリエーションの一つ，パンサーLEはハイデッカーながら車体前方をノンステップフロア化した特徴的なモデルで，都市間路線を主な想定用途とする。乗客定員は53人でノンステップ部には客席16席と前向き固定の車椅子スペース1台分が用意されており，また段上げ部直前の右側に非常口が設けられている。ノンステップ部分はハイデッカーボデーの

腰板パネルがガラスに代えられており，乗客は座席位置にかかわらず良好な眺めを得ることができる。後方段上げ部にはステップ3段でアクセスでき，高床フロアの下は容積2.1㎥のトランクルームとなっている。

パンサーは主にボルボのバスシャーシーに架装されるが，プラクストンは伝統的なコーチビルダーであり，スカニアやMAN，イベコなど様々なシャーシーへの架装にも対応している。

↑プラクストン・パンサーLEの室内．ノンステップフロア部右側に車椅子1台分のスペースが設けられている．調整可能な固定用背もたれとベルト類を備えており，車椅子は前向きに固定する

←ステージコーチグループの都市間路線向けとして採用されたパンサーLE．車椅子用スロープ板は手動で展開する．シャーシーはボルボB8RLEである

MCI D／Jシリーズ

J4500チャージ

MCIはアメリカ・イリノイ州の老舗コーチビルダーで，ダイムラーとの提携を経て2015年にニューフライヤー傘下となった。現在は主に送迎貸切や都市間路線向けのDシリーズ（全長40／45フィート）と，観光貸切向けのJシリーズ（全長35／45フィート）をラインアップする。いずれも2001年に登場したディーゼル車で熟成を重ねている。Dシリーズは2017年から2020年にかけて次世代シリーズの導入が始まった一方で，従来モデルもクラシックシリーズとして引き続きラインアップする。Jシリーズは2013年に改良を受け，2017年には同社初の短尺車として35フィート車が登場した。

MCIは2021年，J4500に電気バスモデルの"チャージ"を発表し，2022年末から納車が始まった。J4500チャージは北米初の本格的なラグジュアリー電気バスを謳う。2022年には送迎貸切や短距離都市間向けのD45チャージが発表された。両モデルとも駆動系は共通で，シーメンス製モーターとアメリカのエグザルト・エナジーの三元系リチウムイオンセルを採用した。大容量バッテリーを搭載することで，一充電あたり航続距離は188〜375kmに達し，また車速100km/h超の運行が可能である。

D45チャージは一般的なハイデッカー仕様のD45 CRTのほかに，車体右側ホイールベース間の一部をノンステップ構造として，車椅子スペースを設けたD45 CRT LEをラインアップする。LEの中扉下部には自動展開式のスロープ板が組み込まれており，車椅子利用者はシティバスと同じ感覚で歩道から乗降できる。ノンステップ部には車椅子2台分のスペースがあり，折り畳み座席も備えて，車椅子利用者が乗車しない場合は最大5人まで着席可能である。この構造は全高床タイプのD45 CRTに設定される車椅子リフトよりもシンプルで耐荷重性が大きく，大型電動車椅子にも対応可能である。

D45 CRT LEはホイールベース間右側の一部がノンステップフロアで，車椅子2台が同時に乗車可能

D45 CRT LEチャージ．中扉下部に自動展開型のスロープ板を備える

		MCI	
		J4500 チャージ	D45CRT LE チャージ
扉　数		1	2
定員例	（人）	56	54
全　長	（mm）	13,800	13,800
全　幅	（mm）	2,590	2,590
全　高	（mm）	3,580	3,510
ホイールベース	（mm）	8,001	8,001
オーバーハング 前	（mm）	1,988	1,988
オーバーハング 後	（mm）	3,816	3,816
室内高	（mm）	2,140〜1,988	1,981
車両重量	（kg）	20,500	19,500
許容総重量	（kg）	24,494	24,494
最小回転半径	（m）	12.2	12.8
モーター		シーメンスELFA2	
仕　様		永久磁石同期電動機	
定格／最高出力	（kW）	320/400	
最大トルク	（N·m）	4,500	
駆動バッテリー		三元系Li-ion	
バッテリー標準容量	（kWh）	544	389
タイヤサイズ		315/80R22.5	315/80R22.5
航続距離	（km）	262〜375	188〜269

「チェッカーフラッグ」 ミカタ

輸送関連資材などを取り扱うミカタでは，大型車用タイヤバランス安定材「チェッカーフラッグ」を販売している。本製品は多孔質セラミックを材料とする，タイヤの内側で使用するビーズタイプの安定材である。高速走行時にヘビースポット（周辺より重い部分。その数には個体差あり）で発生する振動によって，振動していない軽い部分に安定材が移動することでバランスがとれる仕組み。これによりタイヤの摩耗減少と寿命延長（平均20%程度），燃費改善（2%程度）を図るとともに，足回り部品の摩耗減少など長期的経済効果，乗り心地向上などのメリットもある。バスでは特に大型貸切・高速バスに最適という。

使用方法はタイヤ交換時に，タイヤ内側の水分を拭き取り本製品を投入，ホイール組み付け後に空気を充填するだけ。空気圧センサー（TPMS）にも悪影響を与えることはないが，パンク防止剤との併用はできない。また再利用も可能（新品に対して上限5割）である。

タイヤ1本あたりの使用量と税別価格は295/80R22.5の場合で400g，3,200円。10kg入り6万6,000円も用意される。なおミカタでは試供品を用意しているので，お気軽にお問い合わせ願いたいとしている。

〈お問い合わせ〉
㈱ミカタ　☎(079)550-9006
https://mikata-trading.co.jp/
Eメール　otoiawase-merchandise@mikata-trading.co.jp

←タイヤ内部に投入された
チェッカーフラッグ
（白い粒状のもの）

チェッカーフラッグ　バランス調整のメカニズム

①停止中　　ヘビースポット

本製品は底部に滞留している

②低～中速走行
（50km/h未満）

本製品はタイヤとの摩擦で均等に分散

③高速走行

振動発生．本製品は振動を受け
タイヤの軽い部分に移動

④振動消滅

一旦バランスが取れると
止まるまでバランスを維持

バスロケーションシステム レシップ

レシップは，従来品よりも機能を大幅に充実したバスロケーションシステムを発売した。利用者に対してバスの位置情報などの運行案内，接続するほかの交通機関との乗継情報の提供，また運行管理者（本社・営業所等）に対しては情報の拡充が図られた。以下にその特徴を掲げる。
①系統模式図表示，早発検知や非常検知など監視機能：管理者側のパソコン画面の地図上で，各ルートの車両位置や運行状況を確認できる。また車両ごとに早着遅延情報や停留所通過情報なども確認できる。
②メール，通話履歴や緊急発報履歴など実績紹介：車両とのメール送信履歴や通話履歴が確認でき，ファイル出力も可能である。車両が緊急地震速報を受信した場合や，「SOS」が発信された場合は，ポップアップ通知が表示される。

③テキストショートメールやVoIP（IP無線機）などコミュニケーションツールを用意。IP無線機により車両―営業所での音声のコミュニケーションが行える。また営業所から複数の車両への一斉送信も可能である。
④GTFS（標準的なバス情報フォーマット）との連携や，混雑度情報の提供など利用者向けサービスの拡充も可能である。
⑤編集機能も充実しており，停留所の移設や，路線の変更などが事業者側で容易に編集できる。

〈お問い合わせ〉
レシップ㈱　バス営業部　☎(058)323-5037
URL　https://www.lecip.co.jp

情報の「見える化」で
バスの利便性を向上

機能の拡充を図った
バスロケーションシステム

スタッドレスタイヤ「W900S」

ブリヂストン

ブリヂストンは2022年7月1日にバス用スタッドレスタイヤ「V-STEEL STUDLESS W900S」を発売した。従来品「W905」の後継タイヤで，W905の氷雪性能は維持しつつ，省メンテナンス性を追求，安全性と経済性を高次元でバランスした高速・観光バスに適したスタッドレスタイヤとなっている。

このタイヤは，既発売のトラック向けW900Sをバス使用向けにチューニング，使用期間の長い長距離バス向けにケース耐久を強化したバス専用スペックとなっている。またトラック向けW900Sと同様に，トレッド（接地面）には高い排水効果を発揮する「TB専用メガ発泡ゴム」を採用。ゴム内部にある無数の「気泡」と「太い水路」により，滑りの原因となる氷雪路面上水膜を除去する。タイヤが凍った路面にしっかりと密着し，グリップ力を発揮することで，車両の制動・駆動・旋回性能を確保している。さらにトラック向けW900Sの295/80R22.5サイズには，耐偏摩耗性向上のためトレッドパターンの改良が施されており，本タイヤも同パターンを踏襲している。

これらにより，W900Sは従来品W905対比，氷雪性能は同等を維持，氷雪路での安全性を確保するとともに，ブロック段差摩耗量59%低減，ブロック耐久性向上によりタイヤローテーション頻度の減少など，省メンテナンス性向上での業務効率化や経費削減を図っている。

発売サイズは295/80R22.5 153/150Jの1サイズである。

〈お問い合わせ〉

㈱ブリヂストン　お客様相談室　☎(0120)39-2936

URL　https://www.bridgestone.co.jp/

V-STEEL STUDLESS W900S

↓トレッドの素材には高い排水効果のある「TB専用メガ発泡ゴム」を採用している．路面から滑りの原因となる水の膜を効果的に取り込んで，タイヤが凍った路面に密着し，優れたグリップ力を発揮する

水の膜を多数の気泡と水路で効果的に除去

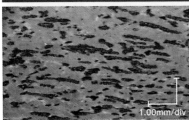
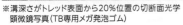

※溝深さがトレッド表面から20%位置の切断面光学顕微鏡写真(TB専用メガ発泡ゴム)

(イメージ図)

水 膜
氷
路 面

「発車オ～ライ-Cloud-」

工房

工房は貸切バス向けの予約・運行管理システム「新・発車オ～ライ」をこのほど「発車オ～ライ-Cloud-」にリニューアル，インターネットが繋がれば出先や自宅でも使用できるようになった。

車両ごとの予約・運行状況が緑色の線で表示され太さで区別できる「線引台帳画面」が特徴で，ひと目で受注状況がわかる上に，日付ごとにバスの必要台数が表示され，車庫ごとの線引きもすぐに確認できるなど自由にカスタマイズできる機能はそのままに，統計データをグラフに表示する機能や，ホーム画面には社内スケジュール，お知らせなどを表示させるグループウェアの機能も設けた。グループウェア機能には，カレンダーに勤務，休日，乗務などが色分けされ，視覚的にわかるようになっている。

また予約登録画面を一新。タブを用意し，予約に関わるすべての情報を一画面で確認できるようにし，さらに予約カルテにはPDFファイルを添付できるようにしたので，エージェントからのFAXをいつでも確認できるようになっている。

オプションでGoogleマップとの連携や，スマートフォンからスケジュールの確認ができる機能も用意されており，車両やドライバーの空き状況などが営業先で確認できるので，その場で仮予約をすることも可能である。

〈お問い合わせ〉

㈱工房　本社　☎(048)227-0555

URL　https://www.khobho.co.jp

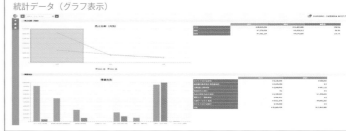

発車オ～ライ-Cloud-の表示画面例

トランスミッションフルード

アリソンジャパン

　バスのスムーズな運行には定期的な点検，メンテナンスが欠かせないが，とりわけAT車にはオートマオイル（ATF）の定期的な交換が重要となる。アリソンジャパンのサービスディーラーでは，アリソントランスミッションの純正トランスミッションフルードの新規格，Allison TES 668™を積極的に推奨している。2021年に導入されたTES668は，すべてのアリソン製品の性能を最大限引き出し，高品質を維持するために不可欠な純正品という。

　新規格のTES668は合成油ベースのATフルードで，耐摩耗性，耐ジャダー（振動）性能，クラッチ摩擦耐久性などが向上している。鉱物油ベースのフルードに対してはアリソン製品を長期間安心して使用するための多くの点で性能がアップするとともに，古くなった鉱物油ベースのフルードが発生させる騒音振動やショックを軽減させている。TES668は従来品と比べて耐ジャダー寿命が延長され，シフト感覚を向上させるだけでなく，長期間，車体の騒音振動やショックを抑制する。

　また，より優れた摩擦性能により，温度変化や大きな負荷が生じても，安定した変速タイミングを維持することで発熱やダメージを防止しクラッチコントロールをサポートする。低速における摩擦特性を向上させることでスムーズな変速を実現，優れたトルク容量も確保し，シフト品質を向上させる。

　さらにTES668をアリソン製品に使用することでギヤ保護性能も向上し，ATフルード交換頻度が延長される。アリソンでは通常コンディションで最長約48万kmまたは48カ月ごとの交換，シビアコンディションで最長約24万kmまたは48カ月ごとの交換を推奨している。

　このように純正フルードの使用はアリソン製品のパフォーマンスを向上させるだけでなく，トータルのメンテナンスコストを軽減させ，アリ

TES668

ソンの延長保証契約を結ぶ際の必須条件も満たすという。

〈お問い合わせ〉
アリソンジャパン㈱ ☎(03)6718-1696
URL　https://www.allisontransmission.com/ja-jp

リビルドVGターボチャージャー

ターボテクノサービス

　ターボテクノサービス（以下TTS）は，バスをはじめとしてトラック・建設機械・軽／普通車まで，あらゆる車両・エンジンに搭載されているターボチャージャー（以下ターボ）専門のリビルドメーカーである。

　近年のディーゼル用ターボアフターマーケットの現状としては，バス・トラック用に加え，4次規制に対応した建設機械用VGターボの需要も急増しており，現在ではターボ需要のほとんどをVGターボが占めるまでとなっている。

　バス用の需要は，2005年の新長期（平成17年）排出ガス規制対応モデルから，「電子制御式VGターボ」が標準的に採用されている2009・2010年のポスト新長期（平成21・22年）規制モデル中心へと移り変わっているという。

　TTSは，従来型のエア式から電子制御式アクチュエーターまで，すべてのテスターを自社開発し，あらゆるタイプのターボに対応している業界唯一のターボリビルドメーカーである。

　VGターボは車両・エンジンの影響を受けやすい特性上，「再発不具合」

が多く，2005年の新長期規制より本格採用されたエンジンのブローバイガス還元システムに起因したブリーザーからのオイル吸込み（白煙や炭化物堆積によるVGノズルの作動不具合等を引き起こす）に加え，電気系統の不具合（ハーネスの劣化・断線等による通信／電圧不良等）の割合も増加しているという。

　このようにターボ関連不具合が複雑化する状況の中，同社独自の活動として，すべての返却コアを分解調査し，カラー画像付きで損傷状態，不具合要因を報告する「返却コア調査サービス」の価値も高まっており，車両側の改善点がわかることで再発不具合の予防に寄与するものとして，ユーザーから好評を得ている。

　様々な業界でVGターボ需要が増加する中，TTSグループでは，一層の作業効率と品質向上を目指し，各部署のリニューアルおよび作業部門の専門化，徹底した現場5S環境（整理・整頓・清掃・清潔・躾）の整備を推し進め，需要に対応している。

〈お問い合わせ〉
㈱ターボテクノサービス 東京本社 ☎(03)3758-3381
URL　http://www.e-tts.com

同社のリビルド工場「ターボテクノエンジニアリング」（埼玉県桶川市）。外装も一新された

◀Garrett Motion社より2021年度の売上成績優秀代理店賞を受賞。トロフィーが工場内のショールームに飾られている

➡三菱ふそうMSに2017年から搭載されている6S10型エンジン用2ステージターボ（ボルグワーナー製）

大型バス用リブタイヤ「エナセーブSP138」 住友ゴム工業

住友ゴム工業の大型バス用リブタイヤDUNLOP「エナセーブSP138」は，大型バスに求められる耐偏摩耗性能や低燃費性能を確保した，高速路線バスに適したタイヤである。

SP138はホイールと接するビード部の構造を強化し，タイヤに荷重がかかった際の倒れ込みを抑制することで，荷重変動時のショルダー部接地圧の維持がしやすくなった。またトレッドとカーカス（タイヤの骨格部分）の間に高拘束力ベルトを採用し，走行による寸法成長を抑制し，ショルダーリブの接地圧を均一化した。ショルダー部の接地圧を均一化する技術（SCTⅢ）と併せて，直進時・旋回時の接地形状変化も抑制し，耐肩落ち摩耗性能が従来品SP122Aより向上した。さらにショルダーリブを大きくして剛性をアップさせ，ショルダーリブ内側エッジのサイプに剛性を高める形状を採用することで，耐偏摩耗性能を向上した。

耐偏摩耗性能の向上によりローテーションの回数低減など，メンテナンスの省力化が期待できる。

またゴム素材であるカーボンに「S.A.微粒子カーボンⅣ」を採用することで，ポリマーとの結合が強固になり，ゴム内部の発熱を抑制した。発熱が少なくなることで転がり抵抗が低下し，従来品SP122Aに比べて転がり抵抗を10％低減し，低燃費性能が向上した。

発売サイズは295/80R22.5 153/150Jと12R22.5 16PRの2サイズ。

〈お問い合わせ〉

住友ゴム工業㈱　タイヤお客様相談室
☎(0120)39-2788
URL　https://
truckbus.dunlop.co.jp/

SP138

←SP138に採用された技術のイメージ図
※従来品SP122A/SP128A（295/80R22.5 153/150J, 12R22.5）比

水の力で床材を切断加工──エムビーエムサービスの床材加工

エムビーエムサービス（mbms）は三菱ふそうバス製造に隣接する地の利を生かして，バス製造に必要な部品供給や製造，加工，二次架装を手がけている。大型観光バスのオープントップ改造や大型化粧室搭載，リフト装着などの特別仕様対応，特に量産小型バスのローザの乗合仕様や園児バス製造には欠かせぬ存在である。バスの床材加工も一手に引き受けており，その加工に威力を発揮しているのがここにご紹介するウォータージェットカッタ。地元富山県滑川市のスギノマシンが開発した製品で，小径ノズルから噴射される350MPaの超高圧水が材料を選ばず高精度で切断する。熱が発生せず変形がなく，粉じんも無縁で作業環境にも優しい。30mmの厚みでも加工できるというが，mbmsが導入したものは大型バス1台分に対応する従来にないロング仕様。この日はローザの標準的な床材を加工していたが，タイヤハウスや床面の点検蓋や内装部品の取付穴に至るまで，スピーディかつ自動で切断，作業終了後は1台分をまとめて組み立てラインに運ぶ。ちなみに性能的には数台分まとめて切断することは容易だが，切断箇所に入り込んだ微量の水を拭き取る手間を考えると1台ずつでも充分効率が高い。多品種少量生産のバスには最適なツールだという。

↑エムビーエムサービスで活躍するウォータージェットカッタNC．ウォータージェットカッタの開発製造では半世紀以上の実績があるスギノマシン製で，自動車床材用のマシンも受注するが，作業工程が10mに及ぶものは初めて納入したとのこと．加工作業には騒音が出たり火花が散るわけでもなく粛々と作業が進む．後方が車の前方，手前側では後輪タイヤハウス周辺の加工が完了している

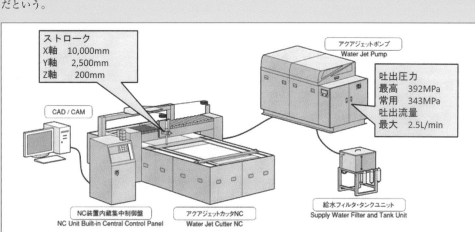

←ウォータージェットカッタNCのシステム図．アクアジェットポンプの吐出流量は毎分2.5ℓ，意外と少ない．中央が加工作業用のテーブル．ストロークは長手方向10m，幅2.5mの「バス専用」サイズ．あらかじめ車両仕様を入力すれば自動で作業が進む．大型観光バスの多様な床材でも精度の高い加工が可能

■バスラマNo.195（2022年12月25日発行）旭川電気軌道の３軸バス公道へ!!　復元まで１年３カ月の記録，第８回バステクin首都圏＆初登場した電気バス２車種，富士山のバス横転事故で見えるもの，DICVオラガダム工場で作られるふそうバス，岩手県のバスの話題，バス事業者訪問：新常磐交通　ほか

■バスラマNo.194（2022年10月25日発行）IAAトランスポーテーションの会場から，ユニバース・ベーシック仕様に乗る，復活！旭川電気軌道の３軸バス，三菱ふそうバス製造 既納車のリニューアルに挑戦，最新バス機器・用品ガイド，バス事業者訪問：ジャムジャムエクスプレス／東洋観光　ほか

■バスラマNo.193（2022年８月28日発行）2022バステクフォーラム（電気バス，自動運転バス，燃料電池バス，「ちむどんどん」のバスなど車両クローズアップ，EDSSデモ，機器・用品展示，バステク20回の回顧など），大阪メトロのオンデマンドバス，WILLERのロボット点呼，バス事業者訪問：東京都交通局　ほか

■バスラマNo.192（2022年６月25日発行）電気バス最新情報（沖縄・やんばるの電気バス，那覇バスの電気バス運行開始，西日本鉄道のレトロフィット電気バスの挑戦など），貸切バス事業者に聞く事業の実状，バス事業者訪問：道北バス／京浜急行バス　ほか

■バスラマNo.191（2022年４月25日発行）特集：2022春のオムニバス（各地の小型電気バス・燃料電池バス，三岐鉄道の連節バス，ZMPの自動運転バス，WILLERの「レストランバス京都」ほか），神姫バスグループの「サウナバス」，バス事業者訪問：東洋バス・千葉シーサイドバス／群馬バス　ほか

書名・製品名	本体価格（円）	10%税込価格（円）	送料（円）
バスラマインターナショナル（通常号）	1,362	1,498	310（2冊360）
年鑑バスラマ（各号）	2,000	2,200	310
バスラマ年間定期購読（通常号のみ，送料共）	—	10,110	
バスラマ年間定期購読（年鑑バスラマ込，送料共）	—	12,630	
バスラマスペシャル9　続・西鉄バスの本	1,800	1,980	310
バスラマスペシャル11　UDマークのバス達	2,350	2,585	360
バスラマスペシャル12　高速バス2013	1,200	1,320	310
バスラマスペシャル13　30周年を迎えたJRバス〈在庫僅少〉	1,800	1,980	360
バスラマエクスプレス02　私の知っているバス達　いすゞ	900	990	225
バスラマエクスプレス11　The King　エアロキングの四半世紀	1,200	1,320	310
バスラマエクスプレス12　三菱ふそうエアロスター	1,200	1,320	310
バスラマエクスプレス14　日野ブルーリボンハイブリッド	1,200	1,320	310
バスラマエクスプレス16　三菱ふそうバス製造　70年の歩み	1,300	1,430	310
バスラマアーカイブス02　熊本・九州の輝いていたバス達	2,600	2,860	310
バスラマアーカイブス03　東京急行のバス達	2,400	2,640	310
バスラマバックナンバーPDF《CD-ROM》（各巻）※	1,000	1,100	＊1
ワーキングビークルズ（No.12～15）★	1,457	1,603	310
ワーキングビークルズ（No.19～73）	900	990	225（2冊310）
ワーキングビークルズ（No.74以降の各号）【最新号はNo.81】	1,100	1,210	225（2冊310）
ワーキングビークルズ年間定期購読（送料共）	—	4,305	
キューバの自動車図鑑	1,700	1,870	310
ミニカー　クラブバスラマ　ふそうMP（南海バス）	3,500	3,850	地域別（＊2）
ミニカー　クラブバスラマ　ふそうMP　CNG（大阪市）	3,700	4,070	地域別（＊2）

※創刊号～No.40をPDFにより復刻．１巻あたり２冊分ずつ収録し全20種類．ほかにバスラマスペシャル「都営バスの本」「大阪市営バスの本」を各々１巻１冊で復刻．★在庫僅少

ぽると出版各商品の税込価格と送料（10%税込）

ぽると出版各商品の価格と送料は左記のとおりです．お申し込み方法は102～103ページをご覧ください

＊1：1枚250円，2枚285円，3～6枚560円，7～10枚750円

＊2：都内810円，東北・関東・信越・北陸・東海870円，近畿970円，中国・四国1,100円，北海道1,300円，九州1,300円，沖縄1,350円

ぽると出版
☎（03）5481-4597
http://www.portepub.co.jp/

信南交通の歴史アルバム

信南交通は長野県飯田市に本社を置き，高速路線バス，貸切バス，飯田市内の一般路線バスを運行している。特に高速バスは乗り換え不要，必ず座れる快適な移動手段として好評を博している。同社ではこの高速バスの予約や一般路線バスの運行情報などをウェブサイトで紹介しているが，同社が発掘した貴重な写真の公開も始めていて，全国のバスファンの注目を集めている。ここでは信南交通のご協力でこれらの写真を掲載し，本誌で解説を加えることにした。

信南交通の設立は1945（昭和20）年6月だが，その背景にはいわゆる戦時統合がある。太平洋戦争の完遂を目的に，数多くの陸上交通事業者に対して資源の集中と配分をねらう戦時統合は，原則，各県1〜2社に統合する施策であった。バス事業者にとっては，日中戦争勃発以来入手が困難になった燃料やタイヤなど，運行に欠かせない資材確保や事業者間の競合排除といったメリットが得られるなど，その後に地域を代表するバス事業者を輩出する成果があったのも事実だが，戦況が悪化する過程で統合が進んでも資材の欠乏が改善されたわけではなかった。そうした中，県域が広く地形的にも経営環境も異なる長野県南部のバス事業者の統合は時間を要し，山を隔てた伊那谷（南信地区）の伊那自動車，南信自動車，大平自動車と木曽谷（中信地区）の御嶽自動車商会が信南交通の名で統合されたのは終戦2カ月前だった。終戦直後の1946年には実運行路線も便数も従事者数も枯渇していたという。それでも世の中が落ち着きを取り戻すようになった1949年に伊那自動車（現伊那バス）と御嶽自動車商会（現おんたけ交通）が信南交通から分離独立，ほぼ戦時統合の前の姿に戻った。従って信南交通の歴史は約80年を数えるが，ルーツを1909（明治42）年に設立された南信自動車とみれば一世紀を超える長い歴史をたどっていることになる。

飯田は南信地区では古くから人口集積が進み，交通商流の中心地であった。鉄道の計画も早く，1923年には辰野から天竜川沿いに延伸を繰り返してきた伊那電気鉄道が飯田駅を開設。さらに延伸を続けた結果，東海道の豊橋から北進を続けた豊川鉄道，鳳来寺鉄道，三信鉄道の開業区間とドッキングして1937年に辰野—豊川間が全通した。1943年には国営化された現在の飯田線である。また沿線のバス事業も南信自動車のように全国のバス事業黎明期に先んずる形で発達。このため小規模事業者の乱立と吸収合併，さらに国策による強制的な統合，戦乱の苦境を脱して迎えた平和の到来など日本のバスの歴史を例外なくトレースしている。地元で特筆できるのは，終戦直後に復興資材としての製材や自動車用代替燃料用の木炭や薪の産出が急増したことかもしれない。やがて運輸資材の統制解除が進み1950年代にはバス隆盛の時代を迎える。ここでご紹介する写真の中には太平洋戦争前のものは限られているが，平和な時代の到来とともにバス交通が健全な発展を遂げる経過が示されている。

南信自動車株式会社の表札を掲げた車庫には松飾としめ縄，バスにも日の丸と旭日旗が飾られている。おそらく1934（昭和9）年の正月の記録だろう。車庫の中にフォードBB型が2台，車庫外にもフォードが2台並ぶ。車庫内の2台の乗用車は貸切用だろう。別の写真によれば長野719の登録番号の車両（1933年式）は後輪シングルで，他のバスも同様と思われる。いずれも国産ボデーを架装するが，右から2台目の扉が前方にスライドしているなど当時の仕様がわかる

➡ほかに往来する人も車両も見えない公道上での記念撮影. 背景のバスは1937年式のフォードだが, 困窮の時代を生き抜いた傷みが目立つので撮影はおそらく戦後. オリジナルのV8ガソリンエンジンの出力は60馬力(75型, 21課税馬力)または85馬力(79型, 30課税馬力)だが, 木炭や薪などの代用燃料車になると出力は大幅に低下した

⬆流線形ボデーを架装した1937年式フォード. 乗用車とトラックの中間に設定されたコマーシャルというシャーシー. 当初は貸切用に新造されたのではないだろうか. これも撮影は戦後だ. Yシャツ姿の運転者も若々しい

➡平和な時代の到来とともに塗装デザインも一新された. 単色に別色の帯が一般的だった日本の路線バスにも新しい風が吹き込んできた. もっともバスは戦時下を生き抜いた戦前型のトヨタ. 資材を節約した戦時代製型になる直前のKCだと思う

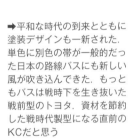

⬆上の橋上の記念撮影と同年式のフォードだが, ボデーの仕様は異なっている. 外板も傷んでいるから戦後の撮影だろう. 起終点表示の行先方向幕は飯田―下條と読める

The albums of Shinnan Kotsu Bus: From the pages of albums preserved by Shinnan Kotsu which was founded in 1909 and became the present organization in 1945, we will mainly introduce to you photographs from before the 1960's.

➡代用燃料車のガス発生器の炉突きをする運転者. 日中戦争勃発以降, 民需用のガソリンが配給制となり, バス事業者は木炭や薪を燃料とする代燃車への転換が余儀なくされ, バスの運行は早朝からの火起こしで始まった. 後部にある円筒型のガス発生器は上部から木炭や薪を投入, 下部から燃やして木炭ガスを発生させる仕組みだから, 定期的な燃料の補充と燃焼状態の維持が必要だった. 代燃車は木炭や薪を蒸し焼きにして可燃性分(一酸化炭素やメタンガス, 重炭化水素)を得るわけで, 車庫で一斉に始動準備が始まると一酸化炭素中毒の危険もあった上, 運行途中でも燃焼状態を維持するために, 写真のような炉突きが必要だった. 当時の数字では速度変化や勾配がなく, ガスの発生状態が良好な場合で, ガソリン1ℓと同等の発熱量を得るには薪2kgが必要だとされた

⬋ボデーに大きく数字が描かれたバスの列は何かの団体輸送に起用された臨時的な姿なのだろう. 2号車はトヨタのボンネットバスで, ボデーは富士産業(富士重工業)製だから戦後の新造車である

⬇太平洋戦争前の地方(都会ではないという意味)における典型的なバスボデーを架装するトヨタだが, 傍らに立つ運転者と車掌の落ち着いた姿や傷みが激しいバスが, 戦後間もない頃の撮影であることを感じさせる

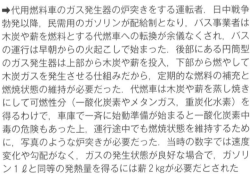

編集部注:本稿に掲載した写真は撮影者不明のものも多いが, 信南交通が収集・保存したもので, 「信南交通所蔵」としている

←信南交通の立地から使用車両はトヨタが多いとも想像するが，こちらは日産180．登録番号が山吹色の「長2あ」だから撮影は1950年代になってからである．国内組立とはいえ敵国資本とみなされたフォードやシボレーの輸入が1939年式で中断すると国内のバス市場はトヨタと日産が寡占した

↑終戦後のバス事業者は新車の調達も困難で極端な輸送力不足に陥っていたが，米進駐軍の払い下げ軍用トラックがバスに改造された．信南交通にも複数台が割当てられたようで，写真は上陸用舟艇DUKW353のシャーシーを活かした箱型のCOE．床が高く小山のような容姿である

↓2台並ぶCOE型は同じ米軍払い下げ車でもシャーシーは全輪駆動トラックのCCKW353の改造版である

↑後輪2軸のCOEは上掲の上陸用舟艇とそっくりだが，よく見ると最後軸はシングルなのでベースはトラックCCKWであることがわかる．DUKWの架装物は舟なのでバスに改造する場合はベアシャーシーになるため好んでCOEボデーが架装されたのに対して，CCKWは荷台を外してもボンネットは流用できる．ただバス事業者にとってはより多くの乗客が収容できるCOE型が魅力だったのは信南交通も同様だったのだろう．ちなみにDUKWは水陸両用車であることからアンヒビアンと呼ばれたが信南交通の現場ではスペルに忠実に「アンピ」という愛称を得ていたという

↑川崎航空機岐阜製作所製の1950年以前のCOE．独特の前面窓は運転者の死角を減らすアメリカのフレキシブルのアイデアを手本としている．かなり大型だがシャーシーはトヨタ製と推定する

←上の車に続いて採用されたCOEで，1950年以降に川崎航空機から量産されたいすゞBX92と似ているが，シャーシーはこちらもガソリンエンジンを搭載するトヨタである

➡草地で撮影された意図はわからないが，1951年に登場したトヨタ初の戦後型BY型バスのエンジンをF型に換装したFY型だろう．戦前生まれの独立したヘッドランプやハマグリ型のフェンダーで構成されるフロントスタイルは1951年以降，大いに近代化した

⬇撮影者は車掌さんのポートレートが目的だったが，背景は民生のディーゼルバスKB3である．他社のバスの前での撮影とは考えにくいから信南交通に納入された記録とみるのが自然だろう

⬅やはり車掌さんのポートレートで，こちらはいすゞBXである．お気づきのとおり，ここでご紹介する写真は乗務員の記念写真が多い．何かの機会にカメラを持ってきた同僚が仲間を集めて写真を撮るのは珍しいことではなかったが，現在のようにほとんどすべての人々が即座に画像を記録するのとは明らかに異なっていたから，被写体になる時の気分は「よそいき」だった．背景にバスが選ばれるのもバス事業者なればこそだが，撮影者の関心はバスではなく人物にある．撮影者の私的な目的を記録した１枚は時間の経過によって客観的な価値を備えることになる

《参考文献》
伊那谷バス事業の変遷と信南交通50年の歩み（1999年，編著：戸谷賢一）
回想の七十年　中島巌写真集（1974年，巌友会）
昭和写真大全　飯田・下伊那（2010年，郷土出版社）

➡国内組立のフォードやシボレーなどアメリカ製のシャーシーの時代，戦時体制下の外国製品排斥の動きによるトヨタ，日産など国産車の台頭，そして代用燃料全盛期を経て，戦後はディーゼルバスの普及が始まった．いすゞ，民生，三菱ふそう，日野などから経済性に優れたディーゼルバスの供給が始まり，バス事業者も旺盛な需要に支えられ車両の大型化を進めた．やがて人々が生活の落ち着きを取り戻すにつれ，貸切バスによるバス旅行がブームになった．1952年７月に採用された貸切車は側窓もスマートなデザインで注目を集めた．いすゞBX95に川崎航空機岐阜製作所でKBB-3改と名付けたボデーを架装する．信南交通での評判も良かったようでその後も増備されている↘

⬇左ページと同じ車両かどうかはわからないがCOEの車内．運転席横にエンジンフードが張り出し，エンジン後のトランスミッションからは長いシフトレバーが伸びる

←再びいすゞBXの登場だが性能と経済性のバランスで信頼性が高く、国内で高いシェアを誇ったのも事実だった。写真の1台はBXでは最終期の1958年式でナンバープレートも新しいから1960年代末まで稼働していたのかもしれない。同時期の周辺では東濃鉄道や濃飛乗合自動車などで採用例がある。なお行先の早稲田には、後年、日野のブルーリボンが配属されていた営業所があり狭隘路線も多かったようだから型式は中間尺のBX341かもしれない。ちなみに右後方には飯田線の電車が映る。窓下辺の窓枠が白く見えるが湘南色のモハ80系でも最終期に製造された全鋼製車両だそうだ

↓1956年に撮影された貸切車。ガイドさんも並んで納車時の記念撮影だろう。すべて前扉車で左3台が川崎航空機岐阜製作所製いすゞBA141、右2台が帝国自動車工業製の日野ブルーリボンで、運転席窓の後に小窓があるボデーなのでBD13ではなくショートホイールベースのBKかもしれないが、この写真では判定ができない。前年まではボンネット型の貸切車も採用されていたが、この年から全車箱型になり近代化を果たしたことになる。塗装は現在に通じるベージュに赤と青である

➡山間狭隘路線用に採用された日野ブルーリボンの短尺車は1965～1967年式が1983年頃まで活躍した。その1台は引退後、バスファンの手により保存され映画にも起用された

日野ブルーリボンの短尺車は山間狭隘路線などで活躍していたボンネットバスの代替車として選ばれ、中扉専用車のBT71と前扉のBT51があった。今なら中型車が採用されるところだが、初期の中型車はバス事業者の信頼を勝ち取るには時間を要したからである。なお信南交通では中型バスの日野RM100、三菱ふそうMR620も採用している

⬆1969年の日野300Pを皮切りに同年RC320P, 1970～71年にかけてRC320PおよびRC320PTが増備され17台を数えた同型貸切車のラインアップである. 1970年3月には大阪万博が開催され貸切営業には一段と力が入っていた頃である

飯田市の本社営業所に並ぶ貸切車群. 貸切車で普及した日野RVと三菱ふそうパノラマデッカーとともに1982年生まれの新鋭・三菱ふそうエアロバスが並んでいるから1980年代半ばの風景だ

そして現在. 都市間高速車, 貸切車は三菱ふそうに統一されている. 右端にいわゆる令和顔のMS06も見える（2022年12月本誌撮影）

長野県
高峰高原
1982年4月

国鉄バス '80年代の軌跡

国鉄バス太郎さんのアルバムから

　国鉄が民営化して35年が経過した。国鉄バスはこの間，全国8社のJRバスに分割するとともに，多くの会社が高速路線主体へとシフト，さらに一般路線から完全撤退したエリアも生まれた。国鉄バスの「鉄道の先行・培養・短絡」という使命は既に終わり，事業の継続性も踏まえながら，鉄道とも競合し得る都市間輸送に舵を切っている。

　本項では半世紀にわたるバスファンであるとともに，近年Twitterで国鉄バス時代の写真・情報を発信している「国鉄バス太郎」さんのアルバムから，1980年代前半のシーンを中心に，同氏の解説とともにご紹介する。

From the album of "Kokutetsu Bus Taro", a bus enthusiast in his fifties who has been tweeting photographs of old JNR buses, we will mainly introduce to you the photographs from the early 1980's when JNR Buses had operated routes around the nation.

【国鉄バス太郎さんの自己紹介】

　Twitter『国鉄バス太郎』では，約40年近く前，私が高校〜大学時代に写した下手な写真を中心に，これまで約400 tweetを世に放っております。

　『日本国有鉄道自動車局』，文字どおり鉄道敷設の先行や短絡として高度成長の重責を鉄道とともに担った一方，栄枯盛衰の光と影も目の当たりに歩んで来ました。三公社五現業の一つである公共企業体であるが故，鉄道に付帯する事業に特化し，民間を圧迫しない事業形態は特異な風土を形成しました。そんな鉄道と二人三脚で国の発展を命題とした，民間とは一味違う組織に心奪われた私は，単に車両マニアとしてだけでなく，沿線を取り巻く歴史や環境も含めて興味を膨らませていきました。

　1964年，私は大阪府枚方市の香里団地で生まれ，中学卒業まで「団地っ子」で，すぐ近くを京阪バスが引きっ切りなしに通う環境で育ちました。もの心ついた頃からバスが好きで，毎日のように眺めているうちに運転手さんの何人かが私を覚えてくださり，何時も手を振って合図してくれるほどでした。

　小学校高学年から一人で鉄道を利用してあちこち出かけては違う地域のバスを追いかけるようになったものの，鉄道誌以外に情報を入手する術が何もなかった時代，マニアと言える行動には至りませんでした。それが中学生になった頃，大阪梅田の旭屋書店の中にあったマッハ模型で僅か30ページの手作り誌『バスファン』を見つけてしまい，私はコアな世界へと引きずり込まれていきました。高校生になるのを待って日本バス研究会なる"怪しき団体"に入信し，毎月のように通う例会に親は大層心配する日々が続きました。この頃から国鉄バスに傾倒しはじめ，ちょうど大阪弁天町の交通科学博物館で開催された国鉄バス50周年の催事に弱冠高校生が安いカメラで撮った写真がパネル展示され，良い思い出となっています。

　もうこうなると普通の人生からは逸脱してバスまっしぐら状態に陥り，一応は大学に進学したものの，21歳と4カ月で大型二種を取

〈私とバス〉高知県の終着駅「影」で，1980年12月．この時代，この2型（いすゞBA01N／帝国自工）に乗ってリアル体験できたことは，その後の私の職歴だけでなく，バスの置かれた環境を深く考える基礎となりました．バス造りに携わり，運転手を経験し，販売に従事する人生．私のそばには常にバスがあります

得（当時国内で最速と言われました）。1987年，就職は栃木県の今や誰もが知っている某バスボデーメーカーに入社し，寝ても覚めてもバスのある世界に入り込みました。

　間もなく時は平成に入り，バスボデービルダーの系譜は大きな変革期を迎えます。シャーシーメーカーがボデー一体設計を構築し，急速に標準仕様化が進み，事業者ごとの違い，地域性の違いなどが薄まり，個性的な個体は消えていってしまいました。国鉄バスも例外ではなく，JRへの民営化も後押しして「国鉄仕様」なるものはなくなり，私の興味対象からも次第に消えていってしまい現在に至ります。

　浅学非才な私ですが，当時に撮りためた写真はそこそこあります。初老の域は既に通り越し，いずれ棺に入れてもらうだけの写真の運命でしたが，賛否はあるもののSNSという文明のお陰で，国鉄バスに心奪われたあの頃をTwitterを介して楽しませていただいております。学生時代は下手な写真一枚撮るのにバス停から歩き，次のバスまで待って…一日この1枚で終わる日もありました。さらにフィルムを巻き忘れて1枚も撮れずに終わる日もありました。還暦間近の今では，そんな良き昔を回顧するばかりです。

北海道上川郡・青年の家　1981年3月撮影
TVドラマ『北の国から』が1981年10月から放映される直前の3月，観光地とはほど遠い佇まいの国鉄富良野線美瑛駅から，まっすぐ十勝岳に向かって国立青年の家まで国鉄バスに乗りました。バスは日に4本ほどあった旭川への直通便で，青年の家を出発したところです。
531-6504　1976年式いすゞBU20P／富士重工

北海道広尾郡・広尾駅　1981年3月撮影
今では解体されてしまった広尾駅前にて。周遊券を片手に幸福駅に降り立ち，広尾駅から国鉄バスで黄金道路を通ってえりも岬YH（ユースホステル）に泊まり，ペアレントとホステラーがギター片手にお決まりのミーティング…。あとは知床の岩尾別YH，礼文島の桃岩荘YHに泊まればカニ族として完璧でした。
647-2504　1972年式日野RC320P／帝国自工

青森県・脇野沢　1990年1月撮影
鉛色の空の下，厳冬の下北半島を走るJRバス。JR大湊線から脇野沢港経由で山手に入った源藤城（げんとうしろ）行です。脇野沢から海岸線沿いに九艘泊（くそうどまり）へも路線がありました。陸奥湾越しに青森市内が見えているのに，青森から4時間近くかかります。
JRバス東北　1981年式いすゞK-CLM500／日野車体

青森県・青森営業所　1980年8月撮影
青森駅貨物ヤード横に留置された繁忙期特需用の国鉄バス。夏期から奥入瀬渓流が色づく初秋の十和田湖輸送用に，当該年度の新車の一部は正規配属地ではない青森に納車されました。秋が過ぎると手前の日野車体製いすゞK-CLM500は主に東北管内に，奥に見える富士重工製三菱ふそうK-MP518Mは関西以西へと回送されます。

山形県小国町・飯豊梅花皮荘　1980年3月撮影
新潟・福島3県境に位置する山形県小国町。幼少のころNHKのドキュメンタリー番組でこの町の山中にある基督教系の学園が紹介されて以来，気になっていた場所です。国鉄米坂線小国駅から玉川沿いに万年雪を携えた飯豊連峰の登山口までバスが通います。
1977年式いすゞCCM410／川重車体

岩手県・軽米（かるまい）　1980年8月撮影
北福岡～金田一～軽米～陸中大野～久慈に向かう国鉄バス，軽米線。国道395号（通称九戸街道）の大野村付近です。当時の南部地方にはまだまだこんな風景が残っていました。
521-2105　1972年式いすゞBU10／川崎重工

岩手県・平庭高原　1980年8月撮影
三陸海岸に注ぐ久慈川渓流沿いを平庭峠に向けて力強く駆ける，初代平庭高原線特急『白樺号』の増備車。鉄路で八戸線を経由するしかなかった盛岡―久慈間に1971年，この特急バスが開業しました。料金は急行券扱いで全国のみどりの窓口で購入できました。沿線の平庭高原は標高800m，一帯は白樺林と放牧地が広がり，みちのくの酪農王国の光景が満喫できます。
637-2904　1972年式日野RC320PT／帝国自工

岩手県・遠野駅前　1980年8月
NHK『新日本紀行』でこの地方の原風景が紹介されて訪れたくなった岩手県遠野です。方向幕の「世田米（せたまい）」は陸前高田へ南下する途中の町です。バスはワンマン表示を上に畳んでツーマン運行する日野車。ヘッドランプは1968年頃から数年間，日野の独自仕様だった楕円形のオーバルライトです。
531-0107　1970年式日野RE（またはRC）／帝国自工

長野県・小諸営業所　1982年4月撮影
この表情，たまりません‼ 白樺高原線の638型優等車の兄弟です。本線のワンマン運行に対して枝線のいちご平行は車掌乗務で，国鉄末期の“大人の事情”が色濃く表れていた時代でもありました。車種はいずれも2サイクル6気筒の240PSエンジンを搭載した日産ディーゼル6RA107で，非冷房・補助席付でした。
いずれも1972年式日産ディーゼル6RA107／富士重工

群馬県／長野県・鬼押ハイウェー　1983年8月撮影
バスに続くのは4代目マツダファミリア。映画『幸せの黄色いハンカチ』で武田鉄矢と桃井かおりが赤い同車種で北の大地を走るシーンを連想しますが，ここは長野・群馬県境の鬼押ハイウェーです。マイカーに邪魔されてもそれなりに絵になるのが国鉄バス。長野原名物の路線シャーシーに観光ボデーを架装したいすゞCQA550／川重です。

長野県・霧ヶ峰　1983年8月撮影
夏の白樺高原線は満席便ばかり。車掌さんも補充券発行が大変です。白樺湖―ビーナスライン経由で来た「しらかば号」は，この先とんでもない田舎道の農道(?)を通り，転げ落ちるような急坂を諏訪湖に下りていきます。途中のバス停は素敵な名前の「池のくるみ」。
638-3502　1973年式日産ディーゼル6RA107／富士重工

栃木県・宇都宮大通り　1981年3月撮影
東野交通のオバQを追いかける国鉄バスのBU。当時の宇都宮駅前の大通りはバスの歴史博物館のようでした。東野鉄道時代に納入されたオバQはBU15PとBU15EPの2種類，後ろの国鉄バスはBU10？ホイールベースこそわずか200mm違いですが，オバQがBU15Pだとすればエンジンは同じいすゞDH100H（195PS）ってこと。なかなかいい勝負です！

岐阜県・美濃白鳥　1981年8月撮影
標高700m白山信仰の里，石徹白（いとしろ）から下りてくる国鉄バス。福井県に注ぐ九頭竜川の最上流域に，俗界から離れた別天地・石徹白集落があります。かつて「上り千人，下り千人，宿に千人」と言われ白山への修験者で賑わった山郷です。「さくら道」の佐藤良二さんも乗務したかもしれません。
331-5004　1975年式いすゞBA05N／川重車体

岐阜県・高鷲村（国道156号）　1981年8月撮影
「太平洋と日本海を桜で結ぼう」―さくら道のお膝下，長良川最上流域の分水嶺まであとわずかの高鷲村へ，名古屋から一般道だけで登って来た国鉄バス名金線の鳩ケ谷行。撮影した時には既に名古屋―金沢間の直通運転は休止されていましたが，「名金線」の路線名は残っていました。

長野県・山本小屋駅　1979年8月撮影
標高1,937mの国鉄バス山本小屋駅です。離合困難な山本小屋行バスの終点でした。夏～秋にかけて開設される正規の国鉄バス駅でしたが，鉄道線の乗車券まで発売されていたのかどうか？　ここから30分ほど高原を歩くと王ヶ頭バス停があり，浅間温泉（松本市内）へ下りる国鉄バス路線がありました。

奈良県・賀名生（あのう）　2001年4月撮影
国鉄のほか南海・近鉄の思惑が絡み，紀伊半島のド真ん中を貫く鉄道先行バスの五新線は国鉄バス，熊野交通，奈良交通の三つ巴となりました。結局一度も鉄路が敷かれることなく，バス専用道路となった国鉄バス阪本線。鉄道の敷設とそれを先行・短絡・補完するバス輸送は表裏一体であり，時に光と影の関係だったかもしれません。今後，BRTが都市部だけでなく地域輸送でも光となることを期待しています。
西日本JRバス　531-3487　1983年式いすゞK-CJM500／日野車体

滋賀県・近江今津営業所　1978年2月撮影
現場の方が「高速予備車」と呼んでいた11mクラス・V8エンジン搭載のオバQ。9911～9930の20両作られましたが，私は一度もハイウェイで姿を見たことがありませんでした。方向幕には「東京駅」「静岡駅」「沼津駅」等があったとか？私が唯一現役時に写した国鉄バスのオバQです。
641-9911　1969年式いすゞBH20P／川崎航空機

島根県大田市・祖式郵便局前　1982年3月撮影
鉄道に準ずる基幹路線であった大田発の陰陽連絡バス「特急かわもと号」は、一般道を4時間以上かけて広島を目指します。乗務していた男性車掌さんは立ちっ放しで一度も座らず、また三江線の踏切では小走りで線路を渡り、左右確認後に大きく旗を振って合図をします。
1973年式三菱ふそうB905N／富士重工

島根県・石見川本駅　1982年3月撮影
今となっては貴重な、愛称名入り円盤プレートを掲げた大田市—広島間の「特急かわもと号」と若い車掌さん。ある方のブログによると、旧川本町が宣伝のために町の予算で制作して、国鉄バスに付けてもらっていたとのことです。三江線の石見川本駅前で。
644-3915　1973年式三菱ふそうB905N／富士重工

島根県・三刀屋駅　1982年3月撮影
1日2便、国鉄バス雲芸本線三刀屋駅（バス駅）で出発を待つ、超レアな吉田学校行1型ライトバス。かつては広島／三次—出雲市間の陰陽連絡バスの主要駅で、ここからの支線も多く発着して活気がありました。出雲営業所三刀屋支所も併設された立派な建屋です。
1974年式いすゞBY31

愛媛県・久万町　1980年12月撮影
高知を出て2回目の小休止を久万駅でとった松山行急行「なんごく号」。この先の三坂峠を越えれば、一気に松山市内へと駆け下りて行きます。「鉄道の短絡」を忠実に果たしていた毎時運行の「なんごく号」は、L特急並みに都市間輸送の一時代を築きました。
1976年式いすゞBU20KP／富士重工

愛媛県・鹿野川ダム　1980年12月撮影
川霧で有名な肱川（ひじかわ）中流の鹿野川ダムです。バスはダムサイトのわずかな空き地で車掌の誘導により反転し、伊予大洲に引き返します。肱川は愛媛県南西部の宇和町に源を発し、すぐ西に宇和海があるにもかかわらず水流は一度南下し、日吉、鹿野川、大洲を経て長浜で伊予灘へと注ぎます。
434-4002　1974年式三菱ふそうMR520／三菱自工

愛媛県・肱川町鹿野川バス停　1980年12月撮影
ここは当時、肱川町一番の銀座通りでした。温暖な四国も山あいには雪が降ります。国鉄バスでは少数派の4型大型ショートの中ドアツーマン車と、宇和島自動車の中型ショート（いすゞK-CCM370）のサブ冷房付、どちらもレア者同士です。
434-4002　1974年式三菱ふそうMR520／三菱自工

高知県・物部村大栃　1980年12月撮影
鉄路のその先は国鉄バスの役目です。「岡の内」以遠は超狭隘の未舗装区間でした。使用された2型（いすゞBA01N）は道路事情が悪かった急峻な山里奥深くまでの路線を実現させた，影の立役者です。ライトバスの1型では賄えない，中型の3型では通行できない，そんな地域の需要を叶えた定員48名のツーマン専用車で，東北から九州まで各地で活躍しました。

徳島県・鍛冶屋原営業所　1981年1月撮影
どこにでもあったお正月の光景。元日に訪問したにもかかわらず，助役さんと車掌さんにご応対いただき記念撮影。穏やかな年明けに差し込む日差しに，セルリアンブルーのメタリックカラーが鮮やかに映えます。昔は国旗のほかに，当然のように注連（しめ）飾りも掲げられていました。この営業所は国鉄鍛冶屋原線廃線後，鍛冶屋原駅跡に設置されましたが，その国鉄バスも撤退してしまい寂しい限りです。
左から，1974年式三菱ふそうMR410／富士重工，1975年式いすゞBU15KP／富士重工，1975年式いすゞBA05N／川重車体

福岡県・直方　1981年8月撮影
大型二種の試験中ではありません。福岡県直方市郊外の内ケ磯から直方駅行です。普通の路線の普通の住宅地の曲がり角，直方管内の一番の見せ場ポイントです。5,400mmのホイールベースじゃ無理があります。今ならポンチョでも通いそうにない曲がり角。車掌さんが車内からこちらを窺っています。
534-5011　1975年式三菱ふそうMR470／富士重工

宮崎県・村所駅　1980年3月撮影
国鉄バスの縮図がここにありました。国鉄監修時刻表の巻頭に綴られた路線図に記された，湯前線と妻線を結ぶ二重線。これは九州山脈を貫く国鉄自動車線を示しています。鉄道の先行・代行・培養の使命を果たした日肥線は日本の高度成長を支えた影の立役者だと思います。こんな山奥のバス駅でも東京都内への切符が買えました。
1967年式いすゞBA01N／帝国自工

宮崎県・一ツ瀬川　1980年3月撮影
1980年3月，宮崎県西米良村への動脈である一ツ瀬川沿いの国道219号は，大雨による土砂崩れで通行止めとなりました。しかし迂回路がないため利用者は不通部分を歩き，東西各方面へのバスに乗り継ぎをしました。村の唯一の足である国鉄バスは運休することができません。写真は妻からやって来て現場で折り返す宮崎行の旧塗装車。
1970年式いすゞBU05／帝国自工

宮崎県・妻営業所　1981年8月撮影
妻営業所から見た廃車群です。夏草や兵（つわもの）どもが夢の跡…。この頃の国鉄バスは10年経過できっちり廃車になるケースが多かったと思います。高度成長のド真ん中で鉄道線の先行と培養に大活躍した5型旧塗装の勇者達は，静かに解体を待ちます。同営業所2階からの撮影です。

本項では2021年から2023年にかけての国内のバスを巡る動きをバスラマ掲載記事を中心にご紹介する。各文末のカッコ数字189～195は掲載号を示す。内容は『年鑑バスラマ2021→2022』の続きであり，事業者名・地域名は掲載時のものである。
写真解説中の【　】は撮影者を示す（104ページ参照）。写真はすべて2022年撮影。

運行・路線の話題

■一般路線・小規模需要路線・観光路線など
（カッコ内は運行事業者）

2021年10月

1日　岐阜乗合自動車，名古屋駅新幹線口―長良川温泉（岐阜市）間の無料シャトルバスを2月28日まで運行。[190]

11月

1日　京浜急行電鉄・横浜国立大学・横浜市・日産自動車，横浜市金沢区富岡エリアで「乗合型移送サービスとみおかーと実証実験」を2022年1月31日まで実施。[190]

1日　全但バス・デンソーテン・順風路，城崎温泉周辺と湯村温泉周辺で，オンデマンド交通の実証実験を2022年2月15日まで実施[190]

27日　名鉄観光サービス，2022年2月29日まで仙台港発着のフェリー利用者を対象に，仙台港地区の観光スポットや商業施設を巡る「仙台港トランジットループバス」を運行（宮城交通）。[190]

12月

11日　名鉄観光サービス，仙台空港―白石蔵王駅間の「仙南（せんにゃん）シャトルバス」を2022年2月20日まで運行（タケヤ交通）。[190]

14日　宮城県名取市，東日本放送（khb）―仙台空港間を2022年1月30日まで運行（タケヤ交通）。[190]

25日　関東バス，「吉祥寺お台場直行バス」を国際展示場駅前から有明ガーデンに延長。[190]

2022年1月

17日　東急バス，東京都世田谷区の二子玉川駅―喜多見・宇奈根地区間の「玉04・05系統」をオンデマンド輸送に移行する実証実験を2月13日まで実施。[190]

2月

23日～28日　江ノ島電鉄，国道134号を経由して鎌倉と江の島を結ぶ直行バス「R134BUS」を運行。[191]

28日　神奈川県川崎市・伊藤忠テクノソリューションズ，川崎市多摩区生田でオンデマンド交通の実証実験を4月28日まで実施。[191]

3月

2日　皆生タクシー，鳥取県米子市の皆生温泉周辺で乗合電動カートの試験運行を3月15日まで実施。[191]

12日　JR東日本，気仙沼線BRTに「大谷まち」と「東新城」，大船渡線BRTに「内湾入口（八日町）」の新駅を設置し供用を開始。[191]

12日　JR東日本，福島駅付近の奥羽本線と東北新幹線を結ぶ高架橋新設工事に伴い，代行バスを運行開始。[191]

24日　西肥自動車，佐世保市交通局のバス事業引き継ぎから3年が経過したため，佐世保市内の一部路線の再編とダイヤ改正を実施。[191]

25日　群馬県沼田市，MONET Technologiesの配車システムを採用した「AIデマンドバス」を運行開始。[191]

28日　東京都品川区，西大井駅―大森駅北口間の「しなバス」の試験運行を開始（東急バス）。[191]

28日　石川県珠洲市，北鉄奥能登バスの市内路線からの撤退を受けて，市内全域（8ルート）の無料バスを運行開始（すずバス）。[191]

4月

1日　KKB川内交通（むつ車体工業バス事業部），青森県むつ市の主要施設を巡る「muve（ムーヴィ）」の試験運行を開始。[191]

1日　東京都江戸川区，小岩駅を起終点とするコミュニティ交通の実証運行を12月31日まで実施。（京成バス）。[191]

1日　西東京バス，宝生寺団地―高尾駅南口間の「買物バス」を運行開始。[192]

1日　川崎鶴見臨港バス，3月12日に開通した多摩川スカイブリッジを経由する2路線を開設。[192]

1日　長野県塩尻市，オンデマンドバス「のるーと」を本格運行に移行。[192]

1日　南越後観光バス，十日町―後山線（十日町市車庫前―後山間）の後山側を浦佐駅東口，魚沼基幹病院前まで延長。[192]

1日　静岡県磐田市，「掛塚磐田駅線」（蟹町―磐田駅間）を運行開始。（浜松バス）[192]

1日　WILLERとKDDIの合弁会社・Community Mobility，大阪市北区と福島区で「mobi」を運行開始。[191]

1日　大阪市高速電気軌道（Osaka Metro），北区と福島区でオンデマンドバスを運行開始。[193]

4日　阿武隈急行，3月16日の地震被害により代行バスを運行（東北アクセスなど）。[192]

20日　Community Mobility，東京都豊島区で「mobi」を運行開始。[192]

26日　「ジ アウトレット北九州」開業に伴い3事業者が路線の新設などを実施。[192]

●西日本鉄道：福岡―北九州間の高速路線に，西鉄高速バスターミナル―ジ アウトレット北九州間の運行系統を新設。

●北九州市交通局：小石―ジ アウトレット北九州間と高須―ジ アウトレット北九州間の2路線を開設。

●福岡観光バス：北九州空港―ジ アウトレット北九州―岡垣町ぬか塚間の高速路線を開設。

30日　茨城交通・関東自動車，奥久慈おでかけ快速バス「那須塩原―常磐大子ライン」の実証運行を開始。[192]

5月

14日　JR東日本，高屋道路のトンネル工事に伴い陸羽西線全線（新庄―余目・酒田間）で，代行バスを運行開始。[194]

6月

1日　京都府長岡京市，「長岡京はっぴいバス」を2ルートから3ルートに変更（阪急バス）。[192]

7月

1日　長電バス，長野駅東口―志賀高原山の駅・白根火山間の急行バスを草津温泉まで延長。[193]

東京都品川区は3月28日に「しなバス」を運行開始した．同区内の交通不便地区を走行し，運行は東急バスが担当している【KK】

宮城県と福島県を結ぶ鉄道線・阿武隈急行は3月16日の地震で被害を受け，4月4日から代行バスを運行した．角田駅で【AN】

4月26日のジ アウトレット北九州の開業に合わせて，福岡観光バスの空港連絡バスが乗り入れを図った【TM】

名阪近鉄バスは7月1日から「にしみのライナー」（手前）に接続する「にしみのライナーリレーバス」（後方）を運行開始．安八停留所で【Ya】

1日　石川県金沢市北部の6町，西日本JRバスの名金線の廃止を受け，金沢市と南砺市で乗合タクシーの実証実験を開始．[193]

1日　名阪近鉄バス，高速バス「にしみのライナー」に安八（岐阜県海津市安八町）で接続する「にしみのライナーリレーバス」（海津平田支所―安八）間を運行開始．[193]

2日　九州産交バスと熊本電気鉄道が運行する，熊本市の「まちなかループバス」に熊本都市バスが参入．[193]

23日　宮城県名取市，「なとりん号」の閑上線（名取駅―閑上地区間）を複合施設「アイアイグニス仙台」経由とした（桜交通）．[193]

23日　タケヤ交通，仙台空港―長町駅東口間の「仙台東部ライナー」を運行開始．[193]

23日　東京バス沖縄営業所，那覇空港―沖縄ホテル＆リゾート名城ビーチ（糸満市）間の直行路線「琉球ホテルエアポートリムジン」を開設．また国際通り入口・那覇空港―糸満市役所間を沖縄ホテル＆リゾート名城ビーチまで延長．[193]

26日　庄内交通，庄内空港と湯野浜温泉・由良温泉，加茂水族館を結ぶ「庄内空港シャトルバス」を9月25日まで運行．[193]

8月

1日　函館バス・HKB，五稜郭タワー，トラピスチヌ修道院などを巡る定期観光バス「ぐるっと函館号」を運行開始．[193]

1日　山形県酒田市，庄内交通酒田営業所管内の路線廃止に伴い，「るんるんバス」「デマンドタクシー」の運行範囲を拡大．[193]

1日　大新東，千葉県君津市小糸地区で，スクールバスを日中にデマンドバスとして運行する実証実験を2023年3月31日まで実施．[193]

6日　岩手県北自動車，岩手県久慈市内の観光施設と久慈駅を結ぶ「久慈観光循環バス」の実証運行を開始．[193]

22日　長野県茅野市，オンデマンド交通「のらざあ」を本格運行に移行（アルピコタクシー・第一交通・諏訪交通・茅野バス観光）．[194]

30日　Community Mobility，三重県明和町で「mobi」を運行開始（明和タクシー・アケミ交通）．[194]

9月

1日　岐阜県岐南町，町役場を起終点とするコミュニティバスを運行開始（岐阜乗合自動車）．[194]

1日　佐世保観光コンベンション協会，定期観光バス「SASEBOクルーズバス・海風」の運行を終了（西肥自動車）．[194]

17日　北海道拓殖バス，帯広駅BT―トムラウシ温泉間の臨時バスを11月27日まで運行．[194]

3日～4日　名古屋市，新たな路面交通システム（SRT）の導入に向けた社会実験として，市中心部で連節バスの試験運行を実施．[194]

17日　京王バス，燃料電池バスで運行する渋谷駅―新橋駅間の路線を渋谷駅―バスターミナル東京八重洲間に変更．[194]

25日　大井川鐵道，台風被害により代行バスを運行開始（大井川鐵道・大鉄アドバンス・大鉄

タクシー）．[195]

10月

1日　宮城交通，仙台都心循環バス「まちのり『チョコット』withラプラス」を運行開始．[194]

1日　Community Mobility，秋田県大館市で「mobi」を2023年2月28日まで運行（秋北タクシー）．[194]

1日　庄内交通，鶴岡市内循環線を4コースから6コースに拡大するとともに，平日運行から毎日運行に移行．[195]

1日　庄内交通，エスモールバスターミナル―加茂水族館間の「日本海しらなみ号」を11月13日まで運行．[195]

1日　茨城県高萩市・茨城交通，呼出型最適経路バス「My Rideのるる」を本格運行に移行．[194]

1日　奈良交通，八木新宮特急バス（大和八木駅―新宮駅間）に観光特急「やまかぜ」を新設．[194]

1日　広島電鉄，熊野―阿戸線の運行を朝日交通に移行．[194]

1日　広島県呉市，広島電鉄の三条二河宝町線の移管を受けて「呉市生活バス」に移行．運行は富士交通に委託するとともに，市が所有するワンボックス車を使用する．[195]

1日　Community Mobility，香川県琴平町で「mobi」を2023年9月14日まで運行（コトバスMX）．[194]

1日　Community Mobility，香川県三豊市で「mobi」を2023年9月14日まで運行（西讃観光・

宮城交通は10月1日から専用の小型バスで仙台都心循環バス「まちのり『チョコット』withラプラス」を運行開始．仙台駅西口で【AN】

横浜市交通局は4月2日に横浜駅と三井アウトレットパーク横浜ベイサイドを結ぶ直行路線を開設．三井アウトレットパーク横浜ベイサイドで【HA】

名鉄バスと東濃鉄道は4月23日に名古屋—馬籠・妻籠間を開設．東濃鉄道はゴールデンウィークに最上級クラスの貸切車で運行した【Ya】

日清観光は7月15日に大分—福岡間を開設．HEARTSバスステーション博多で待機する大分行の便【Mo】

宅間交通・さくら交通）．[194]

1日　福岡県古賀市，オンデマンドバス「のると古賀」を運行開始（花鶴タクシー・古賀タクシー）[194]

1日　昭和自動車，糸島市コミュニティバス「はまぼう号」の市街地循環線を廃止し，オンデマンドバス「チョイソコよかまちみらい号」の運行に移行するなど路線再編を実施．[195]

1日　長崎自動車・長崎県交通局，長崎市中心部で「まちなか周遊バス」を運行開始．[195]

3日　北海道石狩市・北海道中央バス・ダイコク交通・三和交通・石狩湾新港企業団地連絡協議会，独自のアプリを使用したデマンド型交通の実証実験を2023年3月31日まで実施．[195]

3日　富士急シティバス，沼津駅と商業施設，観光施設を結ぶ「お出掛けシャトルバス」を2023年2月10日まで運行．[195]

17日　南房総・館山地域公共交通活性化会議，日東交通の「平群線」（館山駅—平群車庫間）で，オンデマンド化と車両の小型化を図る実証実験を2023年3月31日まで実施．[195]

18日　東京都中野区，狭隘路の多い住宅地を小型バスで巡回する実証実験を2023年3月31日まで実施（関東バス）．[195]

21日　大阪府堺市，堺駅—美原区役所（美原ステーション）間の直通急行バスの実証実験を12月4日まで実施（南海バス）．[195]

11月

1日　名鉄バス，小型バスによる「かすが台—中央台間」の実証運行を開始．[195]

2日　商社の双日，川崎市内でデマンド型の乗合交通サービス「チョイソコかわさき」の実証実験を2023年2月27日まで実施．[195]

20日　東急バス，玉04・玉05系統をデマンド運行に切り替える2回目の実証実験を12月11日まで実施．[195]

23日　国際興業グループのKGビジネスサポート，12月3日までさいたま市桜区でオンデマンドバス「さいたまさくら号」の実証実験を実施．[195]

28日　長野市，信州新町地区の市営バスをデマンド運行に切り替える実証実験を開始（ひじり観光タクシー）．[195]

12月

1日　石川県小松市，北鉄加賀バスの路線一部区間廃止に伴い，予約制の乗合タクシーを運行開始（小松タクシー）．[195]

2023年2月

1日　大阪府豊能町・阪急バス，豊能町西地区でオンデマンド交通の実証実験を2月28日まで実施．[194]

■都市間高速路線

○開設（事業者名・区間の順，以下同様）

2021年11月

22日　南飛騨観光バス，名古屋—下呂間（2022年2月28日まで運行）．[190]

12月

1日　WILLER EXPRESS，岡崎—リーベルホテル（大阪市此花区）間／岡崎—東京ディズニーリゾート（TDR）間．[190]

17日　福島交通・茨城交通，郡山—水戸間（2022年2月6日まで運行）．[190]

25日　陸前高田企画・奥州交通，陸前高田（アバッセたかた）—仙台間（2022年1月31日まで運行）．[190]

26日　岐阜乗合自動車・濃飛乗合自動車，岐阜—下呂間（2月13日まで運行）．[190]

2022年2月

25日　千葉内陸バス，成田空港—豊洲（ミチノテラス・豊洲市場前）間．[191]

3月

1日　神奈川中央交通・京成バス，相模大野・町田—TDR間．[191]

4月

2日　横浜市交通局，横浜—三井アウトレットパーク横浜ベイサイド間．[191]

22日　名鉄バス，名古屋—長野間（6月30日まで運行）．[192]

23日　名鉄バス・東濃鉄道，名古屋—馬籠・妻籠間（5月29日まで運行）．[192]

27日　小湊鐵道，成田空港—赤羽・川口間．[192]

29日　WILLER EXPRESS，広島—福岡・佐賀間（祐徳自動車）．[191]

7月

1日　西日本鉄道，福岡—長門温泉間．[192]

15日　日清観光，大分—福岡間．[192]

21日　昭和自動車，博多—二見ヶ浦（夫婦岩前）—伊都営業所間．[193]

29日　武井観光，千葉—山形間．[193]

29日　WILLER EXPRESS，ユニバーサル・スタジオ・ジャパン（USJ），WBT大阪梅田—出雲間．[193]

8月

1日　京成バス，国際興業，WILLER EXPRESS，

リムジン・パッセンジャーサービス，成田空港—池袋間．[193]

1日　東急バス，成田空港—渋谷（渋谷フクラス）間．[193]

1日　遠州鉄道，浜松—京都間．[193]

6日　岩手県北自動車，久慈—八戸間．[193]

9月

12日　会津乗合自動車，郡山—裏磐梯間（2023年2月28日まで運行）．[194]

17日　京成バス・千葉交通，バスターミナル東京八重洲—銚子間．[194]

17日　Dts creation，大崎—草津温泉スキー場間／バスターミナル東京八重洲—草津温泉スキー場間．[193]

17日　名鉄バス・東濃鉄道，名古屋—馬籠・妻籠間（11月27日まで運行）．[194]

23日　西肥自動車，長崎—ハウステンボス間（2023年1月9日まで運行）．[194]

10月

1日　大阪バス，名古屋—福知山間．[194]

20日　広栄交通，大宮・川越—ふかや花園プレミアム・アウトレット間．[195]

12月

10日　JR東海バス，名古屋—休暇村越前三国間（2023年2月12日まで運行）．[195]

11月

1日　東急バス・相鉄バス・上田バス，横浜—軽井沢・草津温泉間．[195]

○廃止・休止

2022年1月

1日　とさでん交通，高知—京都・名古屋間．[190]

4月

1日　東海バス，新宿—伊豆長岡・修善寺間．[191]

5月

1日　西鉄バス北九州，北九州—別府・大分間．[191]

9月

11日　東北急行バス・両備バス，東京—岡山・倉敷間．[194]

10月

1日　東武バスセントラル・京成バス，東京—柏の葉キャンパス間．[194]

1日　京成バス・松戸新京成バス，TDR—松戸間．[194]

1日　JRバス関東，東京—秦野丹沢登山口大倉

昭和自動車は7月21日に博多―二見ヶ浦―伊都営業所間を開設．天神3丁目停留所付近を走行する伊都行の車両【Mo】

西武バスは7月14日から石油代替燃料「リニューアブルディーゼル」を採用．同燃料を使用した専用車が報道向け試乗会で新所沢駅を出発する

間。［194］

12月

1日　茨城交通・関東自動車，水戸―宇都宮間。［195］

1日　京成バス・フジエクスプレス，御殿場プレミアム・アウトレット―秋葉原間。［195］

1日　京成バス・フジエクスプレス，御殿場プレミアム・アウトレット―西船橋・津田沼間。［195］

○既設区間への参入，事業者交替

2022年4月

15日　名鉄バス，名古屋―岡山・倉敷間。［191］

21日　アルピコ交通，渋谷・八王子―金沢・加賀温泉間。［192］

21日　阪急観光バスが撤退し，アルピコ交通が参入，新宿・渋谷・池袋―大阪間。［191］

12月

16日　奈良交通，新宿―大阪・奈良間（池袋・新宿―大阪間の区間変更，個室車両で運行，運行日限定）。［195］

○一部事業者の撤退

2022年4月

1日　山陽バス，徳島―神戸間。［191］

22日　両備バス，池袋・新宿―大阪・門真間。［192］

5月

16日　JRバス関東，東京―流山おおたかの森・柏の葉キャンパス間。［191］

9月

3日　東武バスウエスト，藤沢―川越間。［194］

車両の話題

2021年11月

1日　京阪バス，2022年1月23日まで小型電気バスを大津駅―琵琶湖大津プリンスホテル間で運行。［190］

12月

4日　奈良交通，大型電気バスによる観光ルート（平城京―西ノ京間／奈良公園―若草山間）の実証運行を12月25日まで実施。［189・190］

5日　十勝バス，2022年2月27日まで車内に食品・日用品の販売スペースを設けた「マルシェバス」を帯広駅―大空団地間で運行。［190］

22日　京阪バス，「京阪七条京都ステーションループバス」の運行を全車小型電気バスに変更。［190］

24日　JRバス関東，2022年1月30日までグリーンスローモビリティ（4人乗り電動カート）の実証実験を千葉県・房総半島の館山市西岬で実施。［190］

25日　阿佐海岸鉄道，線路（軌道）と道路の両方を走行できる，小型バスベースのDMV（デュアル・モード・ビークル）を運行開始。［189・190］

28日　全但バス，城崎温泉―大阪間の昼行高速路線に個室付車両を導入。

2022年1月

28日　筑波大学，2021年10月から2022年3月にかけて実施する，燃料電池バスの自立電源と通信機能を利用した感染症検査機能の実証試験に，それまでのトヨタSORAに加えて，改造車のトヨタコースターFCを導入。［191］

2月

7日　東京都世田谷区，3月25日までタジマモーターコーポレーション製の小型電気バス5台を臨時PCR検査室に使用。［191］

9日　三重交通，連節バスを桑名市内で試験走行。［190］

16日　近鉄バス，小型電気バス2台を東大阪病院線と警察病院線で運行開始。［191］

3月

6日　神姫バスグループのリバース，路線バス車両を移動式サウナに改造した「サバス」を運用開始。［191］

7日　岐阜県美濃加茂市，「あい愛バス」に小型電気バス1台を導入（新太田タクシー）。［191］

7日〜11日　熊本県球磨村，小型電気バスよるスクールバスの実証実験を実施。［191］

4月

1日　三岐鉄道，連節バス1台を採用，四日市大学線で運行開始［191］

16日　長野県小諸市，社会実験「縁JOY！小諸」の一環として小型電気バスを11月26日まで運行。［192］

16日　那覇バス，小型電気バス2台を採用。［191・192］

23日　士別軌道，「モノコックバス」を一般路線で運行開始。［192］

27日　東武バス日光，日光西町エリアで「日光グリーンスローモビリティ」を運行開始。［191］

30日　岩手県陸前高田市の陸前高田グリーンスローモビリティ，陸前高田駅と災害公営住宅，商業施設を結ぶルートでグリーンスローモビリティ2台（定員7人）を運行開始。［192］

5月

4日　長野県伊那市，バス車内と市役所をネットワークで結び，住民票や印鑑証明の発行など行政サービスを行う「モバイル市役所（愛称：もーば）」の運用を開始。［192］

6月

22日　西日本鉄道，台湾で改造したレトロフィット電気バスを発表。［192］

7月

14日　西武バス，石油代替燃料「リニューアブルディーゼル」を使用したバスを運行開始。［193］

20日　Osaka Metro・関西電力・ダイヘンなど，大阪・関西万博に向けて電気バス100台の導入とエネルギーマネジメントシステムを開発することを発表。［193］

下旬　埼玉県ときがわ町，「ときがわ町路線バス」に小型電気バス5台を5月から7月にかけて導入（イーグルバス）。［191］

8月

4日　熊本県球磨村，小型電気バスよるスクー

10月22日，岐阜市中心部で自動運転バスの実証実験に先立ち，みんなの森ぎふメディアコスモスで出発式が行われた【Kd】

ルバスの2回目の実証実験を開始。［193］

9日　みちのりホールディングス・東京電力ホールディングス，電気バス218台の導入とエネルギーマネジメントシステムの構築に関するプロジェクトの概要を発表。［193］

9月

1日　埼玉県飯能市・国際興業，市内路線の運行車両を大型バスから定員14人の小型バスに切り替える実証運行を開始。［194］

1日　三重交通，連節バスを四日市市内の通勤路線で運行開始。［194］

10月

1日　愛知県常滑市のボートレースとこなめ，小型電気バス6台を導入し，コミュニティバス「グルーン」を運行開始。運行は知多乗合。［194］

8日　東急バス・東急トランセ，新たに導入したオープントップバスによる「渋谷オープントップバスツアー」を11月27日まで実施。［194］

20日　アルテック，トルコ製小型電気バスを報道関係者に公開。［195］

21日　旭川電気軌道，3軸バスのレストアを完了。旭川市内のツアーなどを実施。［194・195］

11月

1日　広島交通，小型電気バス2台を可部循環線で運行開始。［195］

3日　建設技術研究所・関東バス・NTT東日本，11月13日までグリーンスローモビリティの実証運行を東京都杉並区の荻窪地域（荻窪駅南側エリア）で実施。［195］

13日　名古屋市交通局，市電・市バスの歴代カラーリングを現役バス11台に復刻し運行開始。［195］

12月

16日　奈良交通，新宿—大阪・奈良間（同日開設，運行日限定）で乗客定員11人の個室車両「ドリームスリーパー」を運行開始。［195］

自動運転の話題

2021年11月

22日　京阪バス・先進モビリティ，琵琶湖ホテル—琵琶湖大津プリンスホテル間で自動運転バスを12月23日まで運行。［190］

2022年2月

17日　Mobility Technologies・トヨタ自動車・ティアフォー，臨海副都心プロムナード公園内でトヨタ自動車のe-Paletteの走行実験を3月10日まで実施。［190］

17日　日の丸自動車・日本交通・麒麟のまち観光局・WILLER，鳥取砂丘の東側と西側の観光施設を結ぶルートで自動運転バスの運行を3月6日まで実施。［190］

3月

8日　いすゞ自動車・西日本鉄道・三菱商事・福岡国際空港，福岡空港内で大型自動運転バスの走行試験を4月8日まで実施。［191］

14日　群馬県長野原町・埼玉工業大学・ITbookホールディングス，八ッ場（やんば）あがつま湖で，水陸両用バスの水上での無人運航の実証実験を実施。［192］

19日　マクニカ・芙蓉総合リース・三重交通・三岐鉄道，三重県四日市市で自動運転バス，連節バス，超小型電気自動車などを使用した「まちなかの次世代モビリティ実証実験 2nd in四日市」を3月21日まで実施。［191］

5月

12日　神奈川中央交通・慶應義塾大学SFC研究所，同大学湘南藤沢キャンパス（SFC）循環シャトルバスで自動運転車両の運行を開始。［192・194］

19日～22日　長崎県対馬市・シダックスなど，対馬市の公道で定員8人のワンボックス車による自動運転の実証実験を実施。［192］

25日～27日　Osaka Metro，「鉄道技術展・大阪 Mass-Trans Innovation Japan Osaka 2022」に合わせてコスモスクエア駅—インテックス大阪間で自動運転バスの実証実験を実施。［192］

7月

19日　南紀白浜空港を運営する南紀白浜エアポート，日本電気，マクニカ，8月24日まで空港の制限エリア内で自動運転バスの実証実験を実施。［193］

24日　BOLDLY，「栃木県ABCプロジェクト」の一環として栃木県那須町で自動運転バスを8月5日まで運行。［193］

28日　東京都，2022年度に西新宿エリアで，京王電鉄バス・京王バス，日本モビリティなどが実施する2件のプロジェクトを発表。［193］

8月

1日　静岡県掛川市，静岡県・東急・ソフトバンクと連携して，タジマモーターコーポレーション製の電動車ベースの実験車両による実証実験を8月7日まで実施。［194］

3日　石川県小松市，BOLDLY，ティアフォー，アイサンテクノロジーなど，自動運転バスの導入に関わる連携協定を締結。小松市は2024年の北陸新幹線小松駅開業を機に，小松駅—小松空港間で自動運転バスの定常運行を計画している。［193］

24日　BOLDLY，福岡市の箱崎駅周辺で自動運転バス「ナヴィヤ・アルマ」の実証運行を8月28日まで実施。［194］

9月

1日　WILLER・名鉄バス・名古屋工業大学・STATION Ai，名古屋都心部で，WILLERの「ナヴィヤ・アルマ」を使用した実証実験を9月30日まで実施。［194］

19日　埼玉工業大学，大学と最寄り駅（高崎線岡部駅）のスクールバスを自動運転バスで12月23日まで運行。［194］

13日　東急バス・東急，横浜市青葉区でタジマモーターコーポレーション製の電動車ベースの実験車両による実証実験を9月15日まで実施。［194］

29日　日本工営・関東自動車・京セラ・先進モビリティなど，「栃木県ABCプロジェクト」の一環として宇都宮市で自動運転バスの実証実験を10月11日まで実施。［194］

10月

22日　岐阜市，11月20日まで市中心市街地で自動運転バスの実証実験を実施。BOLDLYの保有するナヴィヤ・アルマ2台が使用され，運行管理は岐阜乗合自動車とBOLDLY。［195］

28日　愛知県，中部国際空港島とその周辺地域で，埼玉工業大学の中型バスベースの実験車両による実証実験を11月6日まで実施。［195］

11月

11日　大阪府堺市，「堺・モビリティ・イノベーション～SMIプロジェクト～」の一環で自動運転バスの走行実験を11月13日まで実施。先進モビリティの小型電気バスベースの実験車両が使用され，南海バスのドライバーが乗務した。［195］

12月

5日　JR東日本，気仙沼線BRTの一部区間で自動運転の実用化を開始。［195］

10日　大津市，京阪バス，先進モビリティ，日本ペイント・インダストリアルコーティングスなど，びわ湖大津プリンスホテル—琵琶湖ホテル間で自動運転バスの実証実験を2023年2月28日まで実施。［195］

サービス・システム・運賃・施設などの話題

2021年12月

16日　東急バス，たまプラーザ駅—虹が丘営業所間の沿線で製造された食品を，バスで販売店舗まで輸送する貨客混載の実証実験を2022年3月31日まで実施。［190］

22日　アルピコ交通，特急バス2路線でVisaのタッチ決済を開始。［190］

24日　福島交通・会津乗合自動車・茨城交通・みちのりホールディングス・三井住友カードなど，高速バス・路線バスのキャッシュレス決済（Visaのタッチ決済・QRコード決済）対象路線を拡大。［190］

2022年1月

1日　米子地域MaaS協議会（鳥取県米子市）・

RYDE，電子チケットで複数の公共交通（バス）が利用できる「Y-MaaS」の実証実験を開始。［190］

2月

1日　名古屋市，「敬老パス」と「福祉特別乗車券」の利用範囲を拡大。［190］

1日　両備バス，サブスク定期券「passful」の運用を開始。［190］

1日　奈良交通，2停留所でサイクル＆バスライドの実証実験を2022年7月31日まで実施。［190］

1日　備北交通・ヤマト運輸，作木線（三次中央病院—道の駅グリーンロード大和間）で貨客混載を開始。［191］

1日　沖縄県，県内の観光路線でVisaのタッチ決済の実証実験を3月24日まで実施。［190］

11日　知多乗合，ICカード乗車券「manaca」の運用を開始。［191］

3月

1日　JRバス関東，白棚線全区間（白河駅—祖父岡間）が1日乗降自由となる「白棚線1日フリーきっぷ」を発売。［191］

1日　西日本鉄道・宮崎交通・九州産交バス・JR九州バス，福岡—宮崎間の「フェニックス号」に予約状況に応じて運賃額が変動するダイナミックプライシング型の運賃制度を導入。［190］

8日　京成バス・千葉交通・アップクオリティ・銚子市漁業協同組合，銚子港からキンメダイを

高速バスで東京都心まで運ぶ貨客混載を開始。[191]

31日　長電バス，急行バス2路線でVisaのタッチ決済およびQR決済を開始。[191]

4月

1日　青森県南部町，「なんぶちぇりバス」（岩手県北自動車）および南部バスの町内路線にICカード「ハチカ」南部エリア定期券を使用することで，運賃を無料化。[192]

1日　西東京バス，65歳以上を対象に全路線が1カ月間乗り放題となる「にしちゅんパスポート65」の販売を開始。[191]

1日　長野県松本市，周遊バス「タウンスニーカー」で，和晃が開発したスマートフォンアプリ「Ticket QR」によるキャッシュレス決裁の実証実験を開始（アルピコ交通）。[191]

1日　新潟県内高速路線を運行する6社（新潟交通・新潟交通観光バス・蒲原鉄道・越後交通・頸城自動車・アイケーアライアンス），新潟県内高速バスネットワーク協議会を結成し，県内高速路線を「ときライナー」の名称で統一ブランド化。[192]

1日　丹後海陸交通・ヤマト運輸，丹後半島の若狭湾沿岸地区の海産物や農産物を，一般路線で宮津市に，高速路線で京都市に輸送する貨客混載を開始。[191]

20日　南国交通，鹿児島空港連絡バスでVisaのタッチ決済の実証実験を開始。[192]

27日　三重交通グループホールディングス，グループ25社の検索・予約サービスを1つのアプリに統合した「三重交通グループアプリ」を運用開始。[192]

5月

1日　JR四国バス・四国高速バス・とさでん交通，高松―高知間の高速バスで自転車の積み込みサービスを開始。[192]

14日　山形県内の山交バス，庄内交通の路線バスなどで，「Suica」と互換性がある地域連携IC

カード「cherica」の運用を開始。[191]

24日　大阪市高速電気軌道グループ，オンデマンドバスの乗降場所のネーミングライツの販売を開始。[192]

6月

4日　北海道旭川市，8月1日までの特定の4日間，市内の一般路線バスが終日無料となる「あさひかわバス無料DAY」を実施。[193]

15日　千曲バス・NEXCO東日本佐久管理事務所（長野県佐久市），上信越道で大雪などによる大規模な車の立ち往生が発生した場合，閉じ込められたドライバーの避難場所として千曲バスがバスを派遣する協力支援協定を締結。[193]

7月

1日　東急バス，弦巻営業所（東京都世田谷区）構内および周辺の路上で，同社が保有する乗用車（AT車，補助ブレーキ付）を使用し，一般のドライバーを対象とした「セーフ・ドライビング（安全運転）講習」を開始。[193]

8月

23日　神姫バス・兵庫県姫路市・マックスバリュ西日本，姫路市内でサイクル＆バスライドを開始。[194]

29日　WILLER，WILLER EXPRESSの利用者を対象に，高速バス利用前後に個室ブース「RemoteworkBOX」を利用できるキャンペーンを9月30日まで実施。[194]

29日　名鉄バス・豊田合成，9月21日まで快適性の向上や転倒事故の未然防止の実証実験を津島地区の路線で実施。[194]

9月

1日　大阪府八尾市・藤井寺市，市内の路線バス運賃を割引く「バスにのってこ！キャンペーン」を2023年2月28日まで実施。[193]

1日　近鉄バス，スマホ定期券の運用を開始。[194]

1日　中国JRバス・下津井電鉄・両備バス・

関西空港交通・阪神バス・阪急観光バス，大阪駅で乗り継ぐと割引きとなる岡山―関西空港間の乗継乗車券を発売。[194]

16日　立川バス，路線バスの車内にカプセルトイ自動販売機「ガチャガチャ」を設置。[195]

17日　東京駅に直結する「バスターミナル東京八重洲」が供用開始。[194]

10月

1日　岐阜乗合自動車，一般路線全線が1日乗り放題となる「ホリデーパス」を季節販売から通年販売に移行。[195]

1日　伊予鉄バス・日本郵便，森松・横河原線の路線バスで郵便物を輸送する貨客混載を開始。[194]

5日　盛岡バスセンターがリニューアルし供用開始。[195]

17日　北陸鉄道，「城下町金沢周遊バス」2路線で，「Suica」「PASMO」「ICOCA」など全国相互利用が可能なICカードの利用を開始。[195]

29日　富士急バス・富士急モビリティ，8路線でVisaのタッチ決済を運用開始。[195]

11月

7日　新潟県燕市・ヤマト運輸，市の循環バス「スワロー号」で貨客混載の実証実験を11月30日まで実施。[195]

10日　東急バス・東京都市大学，東急バス虹が丘営業所を地域住民の交流スペースに活用することで，地域活性化につなげる実証実験を実施。[195]

12月

1日　平成エンタープライズ，夜行高速バス「VIPライナー103便」で，消灯後もスマートフォンが使用できるサービスを開始。[195]

1日　富山市，八尾コミュニティバス八尾循環線で，AI顔認証による運賃決済システムの実証実験を2023年2月28日まで実施。[195]

事業者の動向

●帝産観光バス，WILLER EXPRESSと業務提携し，高速バス事業に参入。〈2021年11月25日〉[190]

●平成エンタープライズ，大型バス用の教習所「VIP DRIVING SCHOOL Pro」を開設。〈2022年2月9日〉[190]

●京王電鉄バス，子会社の京王バス小金井を吸収合併。〈2022年4月1日〉[192]

●小田急ハイウェイバス，経堂営業所を閉所し，業務を本社営業所に集約。〈2022年4月1日〉[192]

●北鉄金沢バス，野々市営業所を廃止。〈2022年4月1日〉[191]

●京阪バス，香里団地営業所を閉所し，業務を交野営業所に移管。〈2022年4月1日〉[192]

●南海ウイングバス南部と南海ウイングバス金岡，南海ウイングバス南部を存続会社として合併し，社名は「南海ウイングバス」に変更。〈2022年4月1日〉[191]

●神戸交通振興，事業を終了し解散。「シティループ」の運行は神姫バスに移行。〈2022年4月1日〉[191・192]

●第一交通産業グループの琉球バス交通と那覇バス，貸切バス部門を統合。〈2022年4月1日〉[192]

●沖縄バス，車庫，整備工場などを那覇市旭町から豊見城（とみしろ）市字豊崎地区の豊崎営業所に移転。〈2022年4月18日〉

●神姫バス，兵庫県内で地域事業を展開する専門部署「地域事業本部」を新設。〈2022年4月〉[192]

●下北交通，むつバスターミナルを廃止。〈2022年6月1日〉[192]

●因の島運輸，全事業をアサヒタクシーに譲渡。〈2022年6月1日〉[192]

●名古屋鉄道，バス事業の中間持株会社「名鉄グループバスホールディングス」を設立，傘下のバス事業者（名鉄観光バス・知多乗合・岐阜乗合自動車・東濃鉄道・北恵那交通・濃飛バス合自動車）を中間持株会社の傘下に移行。〈2022年7月1日〉[192]

●大阪空港交通と阪急観光バス，大阪空港交通を存続会社として合併し，社名は「阪急観光バス」に変更。〈2022年7月1日〉[191]

●北海道拓殖バス，遠隔点呼を開始。〈2022年7月1日〉[193]

●長電バス・長電タクシー，それぞれの湯田中営業所を統合し，長電バスの管理とした。また

長電バスは岳北ハイヤーから事業の譲渡を受け，飯山営業所に岳北ハイヤーの事業を移管。[195]

●遠州鉄道，株券廃止会社に移行。〈2022年10月1日〉[193]

●神姫グリーンバスとウエスト神姫が神姫グリーンバスを存続会社に合併，社名を「ウイング神姫」に変更。〈2022年10月1日〉[194]

●小田急バス，町田営業所を廃止し，新百合ヶ丘営業所を開設。〈2022年10月16日〉[195]

●岩手県交通，雫石営業所を廃止。〈2022年12月30日〉[195]

○独占禁止法特例法に基づく共同経営

●徳島バス・JR四国，鉄道乗車券で高速バスに乗車できる措置を開始。〈2022年4月1日〉[191]

●長崎自動車・長崎県交通局，3地域で重複路線の運行事業者の一元化，便数の適正化などを実施。〈2022年4月1日〉[191]

●九州産交バス・産交バス・熊本電気鉄道・熊本バス・熊本都市バス，「共通定期券」のサービスを開始。〈2022年4月1日〉[191]

●広島電鉄・広島バス・広島交通・中国JRバス・芸陽バス・備北交通・H.D.西広島，広島市中心部の路面電車と路線バスの運賃を統一。〈2022年11月1日〉[195]

DATA

2021年度の一般乗合バス事業（保有台数30台以上）の収支状況

The Balance Sheet Of The Regular Route Bus Operators
(With More Then 30 Buses For The Fiscal Year Of 2021)　（単位：億円）

民営・公営の別	収入	支出	損益	経常収支率（%）	事業者数 黒字	事業者数 赤字	事業者数 計
民営	4,670	5,700	△1,030	81.9	19(13)	193(189)	212(202)
公営	1,195	1,537	△342	77.8	0(0)	16(16)	16(16)
計	5,865	7,236	△1,371	81.0	19(13)	209(205)	228(218)
大都市	3,809	4,296	△487	88.7	17(11)	58(54)	75(65)
その他地域	2,056	2,940	△884	69.9	2(2)	151(151)	153(153)
計	5,865	7,236	△1,371	81.0	19(13)	209(205)	228(218)

資料：国土交通省

注：1. 高速バス，定期観光バスおよび限定バスを除く
　　2.（　）内の数字は，2以上のブロック（地域）にまたがる事業者について，その重複を除いた結果の事業者数を示す
　　3. 大都市（三大都市）とは，千葉，武相（東京三多摩地区，埼玉県，神奈川県），京浜（東京特別区，三鷹市，武蔵野市，調布市，狛江市，横浜市，川崎市），東海（愛知県，三重県，岐阜県），京阪神（大阪府，京都府〈京都市を含む大阪府に隣接する地域〉，兵庫県〈神戸市と明石市を含む大阪府に隣接する地域〉）

乗合・貸切バス輸送状況の推移　Ridership Of Route And Chartered Bus

	年度	免許事業者数	車両数（両）	実動率（%）	許可キロ（km）	総走行キロ（千km）	実車率（%）	輸送人員（千人）	営業収入（百万円）
乗合バス	1950	303	17,714	80.0	89,688	491,240	−	1,357,702	19,922
	1960	347	44,912	83.7	152,475	1,680,671	94.9	6,044,498	118,578
	1970	359	67,911	84.7	190,881	2,935,122	94.2	10,073,704	368,914
	1980	355	67,142	85.9	177,310	2,909,759	92.7	8,096,622	971,369
	1990	377	64,972	85.7	282,841	3,038,390	91.7	6,500,489	1,193,909
	2000	444	58,348	83.9	304,023	2,896,959	90.5	4,803,040	1,050,944
	2010	1,640	59,195	82.0	420,757	2,676,546	88.2	4,158,180	929,762
	2018	2,296	60,402	78.7	587,155	3,099,176	86.4	4,347,726	954,542
	2019	2,321	61,542	77.5	588,329	3,036,374	86.3	4,257,648	934,496
	2020	2,337	57,914	71.3	588,917	2,479,010	83.8	3,120,552	575,856
貸切バス	1950	312	1,112	−	−	20,190	−	12,284	−
	1960	442	8,277	69.0	−	264,635	85.0	128,229	24,838
	1970	559	18,017	63.1	−	739,061	85.5	180,989	115,416
	1980	755	21,326	64.8	−	980,422	82.8	203,692	391,040
	1990	1,206	29,858	67.3	−	1,571,311	81.4	255,762	702,876
	2000	2,864	40,200	58.0	−	1,628,838	80.0	254,714	509,908
	2010	4,492	47,452	50.2	−	1,297,575	78.6	300,049	433,422
	2018	4,127	49,832	43.2	−	1,248,651	76.0	298,035	572,913
	2019	4,004	48,008	40.2	−	1,145,772	76.0	274,584	527,652
	2020	3,789	45,026	22.2	−	443,701	71.8	141,291	217,520

バス生産台数／新規登録・届出台数／保有台数（各年末現在）／輸出台数

Number Of Buses Manufactured/Newly Registered/Units Sold
Buses Owned (At the end of the various fiscal years)

年別	生産台数 大型（30人乗り以上）	生産台数 小型（29人乗り以下）	生産台数 計	生産台数 前年比（%）	販売台数 大型	販売台数 小型	販売台数 計	販売台数 前年比（%）
2003	11,406	49,668	61,074	92.1	5,860	15,396	21,256	129.9
2004	12,286	48,156	60,442	99.0	5,098	13,049	18,147	85.6
2005	11,763	64,550	76,313	126.3	5,856	11,898	17,754	97.8
2006	11,063	77,574	88,637	116.1	6,064	11,536	17,600	99.1
2007	11,516	102,154	113,670	128.2	5,153	10,464	15,617	88.7
2008	11,660	127,442	139,102	122.4	5,357	9,976	15,333	98.2
2009	8,783	78,012	86,795	62.4	4,234	8,338	12,572	82.0
2010	10,274	99,060	109,334	125.6	4,777	7,998	12,775	101.6
2011	9,427	94,682	104,109	95.2	3,136	7,515	10,651	83.4
2012	10,598	111,622	122,220	117.4	4,266	7,672	11,938	112.1
2013	9,755	122,926	132,681	108.6	4,181	7,075	11,256	94.3
2014	9,402	130,432	139,834	105.4	4,498	7,485	11,983	106.5
2015	11,425	126,425	137,850	98.6	5,260	8,127	13,387	111.7
2016			129,743	94.1	6,543	8,955	15,498	115.8
2017	−	−	123,097	94.9	6,602	8,991	15,593	100.6
2018	−	−	113,197	92.0	5,131	8,571	13,702	87.9
2019	−	−	122,621	108.3	4,876	8,710	13,589	99.2
2020	−	−	69,801	56.9	3,113	6,221	9,334	68.7
2021	−	−	73,659	105.5	1,657	5,223	6,880	73.7

〈生産台数〉注：1979年より「KDセット」を除く。「KDセット」は部品扱いとなる。日本自動車工業会調査
〈新規登録・届出台数〉注：シャーシーベース調べ。輸入車を含む。日本自動車販売協会連合会・全日本軽自動車協会連合会調査

2021年のブランド別国内バス販売台数
Sales, By Manufacturer in 2021　　　　　　　　　　（単位：台）

	大型	小型	小計
日野	585（55.9）	937（77.3）	1,522（67.4）
いすゞ	664（53.4）	4（44.4）	668（53.4）
三菱ふそう	364（51.3）	687（93.0）	1,051（72.6）
トヨタ	9（12.5）	3,151（90.9）	3,160（89.3）
日産	－	444（55.9）	444（55.9）
Hyundai	11（220.0）	－	11（220.0）
メルセデス・ベンツ	15（136.4）	－	15（136.4）
スカニア	9（36.0）	－	9（36.0）
合計	1,657（53.2）	5,223（84.0）	6,880（73.7）

注：1．新車の新規登録・届出台数
　　2．カッコ内は対前年比　　　　　資料：日本自動車販売協会連合会

2022年のブランド別国内バス販売台数
Sales, By Manufacturer in 2022　　　　　　　　　　（単位：台）

	大型	小型	小計
日野	416（71.1）	332（35.4）	748（49.1）
いすゞ	787（118.5）	－	787（117.8）
三菱ふそう	415（114.0）	971（141.3）	1,386（131.9）
トヨタ	17（188.9）	2,235（70.9）	2,252（71.3）
日産	－	266（59.9）	266（59.9）
UDトラックス	1（－）	－	1（－）
Hyundai	8（72.7）	－	8（72.7）
メルセデス・ベンツ	5（33.3）	－	5（33.3）
スカニア	6（66.7）	－	6（66.7）
BYD	6（－）	14（－）	20（－）
ルノー	－	1（－）	1（－）
合計	1,661（100.2）	3,819（73.1）	5,480（79.7）

従業員総数（人）	運転者（人）	年間人口一人当り利用回数（回）	実動一日一車当り走行キロ（km）	実動一日一車当り輸送人員（人）
－	－	16	100	274
－	－	64	124	444
207,675	100,312	96	142	488
155,191	104,145	69	139	386
123,134	91,501	53	152	324
97,006	74,420	38	160	265
103,299	80,073	33	171	235
124,675	84,020	34	171	239
123,677	83,834	34	169	327
117,984	80,980	32	151	190
－	－	0.2	－	－
－	－	1.3	127	66
47,906	18,009	1.7	188	46
52,030	21,479	1.7	205	43
63,486	28,972	2.1	230	37
64,971	36,241	2.0	232	36
64,171	45,392	－	223	41
68,295	48,112	－	185	44
67,885	47,678	－	183	44
61,775	44,340	－	135	43

資料：国土交通省

高速乗合バスの運行状況　Operation Status Of The Highway Bus

年度	事業者数	運行系統数（延）	運行回数（1日）	輸送人員（千人）	供用道路（km）
1965	5	8	101	3,846	190
1975	23	56	453	11,216	1,888.3
1985	57	249	1,886	32,538	3,720.9
2000	158	1,617	5,569	69,687	6,860.8
2010	310	4,722	12,454	103,853	7,894.6
2015	387	5,247	15,882	115,740	8,652.2
2016	400	5,121	14,012	104,581	8,795.2
2017	369	5,103	13,919	103,503	8,922.9
2018	371	5,132	13,935	104,091	9,021.0
2019	359	5,113	13,257	97,353	9,050.3

注：1．上記数値は各年度末のものであるが，1985年度以前は輸送人員，供用道路を除き6月1日現在である。
　　2．2005年度までは系統距離の半分以上を高速自動車国道などを利用して運行する乗合バスを高速乗合バスとした。2006年度からは，系統距離が50km以上のものを高速乗合バスとする。　　資料：国土交通省

（単位：台）

保有台数（各年末現在）				輸　出　台　数				年　別
大　型	小　型	計	前年比（%）	大　型	小　型	計	前年比（%）	
109,909	121,909	231,818	99.3	8,279	37,312	45,591	93.5	2003
109,703	121,231	230,934	99.6	11,689	44,152	55,841	122.5	2004
109,917	121,816	231,733	100.3	9,953	67,984	77,937	139.6	2005
109,763	121,918	231,681	99.9	11,565	81,636	93,201	119.6	2006
109,621	212,307	230,928	99.7	13,868	107,663	121,531	130.4	2007
109,808	120,873	230,681	99.9	17,527	135,917	153,444	126.3	2008
108,760	119,637	228,397	99.0	11,106	80,916	92,022	60.0	2009
108,136	119,135	227,271	99.5	13,969	101,813	115,782	125.8	2010
107,435	118,513	225,948	99.4	14,495	96,247	110,742	95.6	2011
107,528	118,551	226,079	100.1	19,602	109,152	128,178	115.7	2012
107,723	118,204	225,927	99.9	19,712	117,223	136,935	106.8	2013
108,545	118,399	226,944	100.5	15,886	125,670	141,556	103.4	2014
110,096	119,293	229,389	101.1	19,649	121,650	141,299	99.8	2015
112,011	120,310	232,321	101.3			131,642	93.2	2016
112,672	120,794	233,466	100.5	－	－	199,012	－	2017
112,627	120,596	233,223	99.9	－	－	109,597	－	2018
112,169	119,997	232,166	99.5	－	－	120,514	110.0	2019
108,999	116,050	225,029	96.9	－	－	72,954	60.5	2020
106,083	112,246	218,329	97.0	－	－	72,313	99.1	2021

〈保有台数〉：国土交通省調査
〈輸出台数〉注：1．国産車の船積実績（四輪メーカー分）。2．「KDセット」を除く。3．2017年12月実績より，一部会員メーカー台数を含まない。日本自動車工業会調査

99

バスの車両故障事故の装置別件数　Number of Vehicle Failures Based On The Component

資料：国土交通省

年＼装置	原動機	動力伝達装置	タイヤ	操縦装置	制動装置	緩衝装置	燃料装置	電気装置	乗車装置	内圧容器・付属装置	その他	合計
2018	676	367	65	15	134	79	180	293	56	98	294	2,257
2019	669	319	66	16	141	70	162	248	80	100	271	1,871
2020	456	245	31	14	188	47	180	230	61	153	222	1,827

注：1．故障件数は路上，営業所・車庫内を問わず運行に支障をきたしたものすべてが計上される。　2．装置の項目は件数が比較的多いものを記載した

バスのメーカー別保有台数　The Number Of Vehicles Owned Based On Manufacturers

車種		初度登録年							
		2022年	2021年	2020年	2019年	2018年	2017年	2016年	2015年
普通乗合	日野	242	747	1,138	1,852	1,968	2,211	2,244	1,911
	いすゞ	290	638	1,110	1,612	1,656	2,179	2,154	1,726
	三菱ふそう	134	461	795	1,400	1,464	1,739	1,894	1,566
	三菱自動車	0	1	2	2	1	0	0	2
	UDトラックス	0	0	0	0	0	0	0	0
	トヨタ	29	89	163	115	100	103	88	58
	日産	0	46	70	72	54	69	65	75
	その他国産車	0	0	0	0	0	0	0	0
	輸入車	10	33	41	68	40	58	144	48
	その他	6	8	12	10	5	17	3	9
	合　計	711	2,023	3,331	5,131	5,288	6,376	6,592	5,395
	構成比（%）	0.7	1.9	3.2	4.9	5.0	6.1	6.3	5.1
小型乗合	日野	110	651	985	1,315	1,525	1,556	1,300	1,063
	いすゞ	1	19	39	89	82	186	106	75
	三菱ふそう	206	527	599	676	818	1,193	1,018	820
	三菱自動車	0	0	0	0	1	1	0	2
	UDトラックス	0	0	0	0	0	0	0	0
	トヨタ	460	2,183	2,456	3,623	3,363	3,207	2,911	2,567
	日産	59	286	431	543	570	509	712	584
	ダイハツ	0	0	0	0	0	0	0	0
	マツダ	0	0	0	0	0	0	0	0
	輸入車	1	2	2	2	1	0	3	4
	その他	8	13	24	14	3	3	2	0
	合　計	845	3,681	4,536	6,262	6,363	6,655	6,052	5,115
	構成比（%）	0.8	3.3	4.1	5.6	5.7	6.0	5.4	4.6

注）．普通乗合は乗車定員30人以上の車両。小型乗合は同じく29人以下の車両

低公害バス保有台数の推移　（単位：台）

年度	2019	2020	2021
電気	101	125	149
燃料電池	58	101	118
ハイブリッド	1,380	1,400	1,415
プラグインハイブリッド	4	4	3
CNG	237	172	119
メタノール	0	0	0
合計	1,780	1,802	1,804

資料：自動車検査登録情報協会
The Changes Of The Number Of Low Emission Buses Ownerships

中古バスの販売台数〔中古車新規＋移転＋名義変更〕（ナンバーベース）　（単位：台）

年別	台数	前年比（%）
2012	14,779	106.9
2013	12,830	86.7
2014	12,531	97.7
2015	13,173	105.1
2016	13,204	100.2
2017	13,066	99.0
2018	13,256	101.5
2019	12,879	97.2
2020	12,194	94.7
2021	11,040	98.4

注：輸入車を含む　資料：日本自動車販売協会連合会
Number Of Used Buses（Newly Acquired + Transfer + Change Of Ownership)(Based On Vehicle Registration)

自動車騒音規制の規制値　（単位：デシベル）

車両カテゴリー	乗用車	市街地加速騒音規制値　フェーズ1	市街地加速騒音規制値　フェーズ2
M1カテゴリー 乗車定員9人以下の乗用車	PMR120以下	72	70
	PMR120以下超，160以下	73	71
	PMR160超，	75	73
	PMR200超，乗車定員4人以下，Rポイントの地上からの高さ450mm未満	75	74
M2カテゴリー 乗車定員10人以上，TPMLM5トン以下の乗用車	TPMLM2.5トン以下	72	70
	TPMLM2.5トン超，3.5トン以下	74	72
	TPMLM2.5トン超，3.5トン以下，最高出力135kW以下	75	73
	TPMLM2.5トン超，3.5トン以下，最高出力135kW超	75	74
M3カテゴリー 乗車定員10人以上，TPMLM5トン超の乗用車	最高出力150kW以下	76	74
	最高出力150kW超，250kW以下	78	77
	最高出力250kW以下	80	78
車両カテゴリー	貨物車	フェーズ1	フェーズ2
N1カテゴリー TPML3.5トン以下の貨物車	TPMLM2.5トン以下	72	71
	TPMLM2.5トン超	74	73
N2カテゴリー TPML3.5トン超，12トン以下の貨物車	最高出力135kW以下	77	75
	最高出力135kW超	78	76
N3カテゴリー TPML12トン超の貨物車	最高出力150kW以下	79	77
	最高出力150kW超，250kW以下	81	79
	最高出力250kW超	82	81

注1．フェーズ1の適用日：新型車（輸入自動車を除く）が平成28（2016）年10月1日以降，それ以外の自動車が令和4（2022）年9月1日以降（N2カテゴリーは令和5〈2023〉年9月1日以降）
注2．フェーズ2の適用日：新型車（輸入自動車を除く）が令和2（2020）年9月1日以降（N2カテゴリーは令和4年9月1日以降），それ以外の自動車が令和4年9月1日以降（N2カテゴリーは令和5年9月1日以降）
注3．PMR（Power to Mass Ratio）：最高出力（kW）／（車両重量（kg）＋75kg）×1,000
注4．TPMLM（Technically Permissible Maximum Laden Mass）：技術的最大許容質量（kg），安全性の確保および公害の防止ができるものとして技術的に許容できる自動車の質量であって，自動車製作者が指定したもの
注5．Rポイント：運転者席の着座位置について，自動車製作者等が定め，三次元座標方式に基づき決定する設計点
資料：国土交通省

乗合バス車両のノンステップ化の推移

（単位：台）

区分	2011年度末	2012年度末	2013年度末	2014年度末	2015年度末	2016年度末	2017年度末	2018年度末	2019年度末	2020年度末
ノンステップバス車両数	17,661	18,672	19,883	21,074	22,665	24,241	26,002	27,574	29,373	29,489
指数	106.8	112.9	120.3	127.5	137.1	146.6	157.3	166.8	177.7	178.4
割合比	38.4	41.0	43.9	47.0	50.1	53.3	56.0	58.8	61.2	63.8
対象車両数	46,025	45,495	45,329	44,874	45,228	45,467	46,406	46,872	48,025	46,226

注：1．「ノンステップバス」は床面地上高が概ね30cm以下であって，バリアフリー法の移動円滑化基準に適合するバスをいう
　　2．「指数」は移動円滑化の促進に関する基本方針が改正された2010年度末を100とする
　　3．「割合比」は乗合バスの総車両数から「適用除外認定車両数」を除いた「対象車両数」に対してノンステップバスの占める割合である
　　4．「適用除外認定車両」とは，高速バス，定期観光バス，空港連絡バスなど，構造上または運行上で低床化などバリアフリー法の規定に沿うことが困難と認定されたバスをいう　　資料：国土交通省

2022年3月末現在，単位：台

					合　計	うち営業用
2014年	2013年	2012年	2011年	2010年以前		
1,698	1,588	1,552	1,263	17,277	35,682	29,248
1,377	1,272	1,279	893	12,521	28,707	25,183
1,305	1,266	1,208	923	9,269	23,424	20,000
1	2	0	2	7,443	7,456	4,832
0	0	1	23	6,110	6,134	5,401
79	77	70	49	411	1,431	118
103	69	81	117	802	1,623	32
0	0	0	0	1	1	1
66	47	36	29	136	756	711
2	1	0	1	13	87	61
4,622	4,322	4,227	3,300	53,983	105,301	85,587
4.4	4.1	4.0	3.1	51.3	100.0	
950	857	761	566	10,424	22,063	8,240
63	61	62	54	1,833	2,670	1,122
740	658	564	539	6,895	15,253	4,778
0	1	2	0	8,160	8,167	2,461
0	0	1	2	209	212	113
2,255	2,164	2,054	1,619	19,399	48,261	4,703
511	473	438	524	8,608	14,248	562
0	0	0	0	0	0	0
0	0	0	0	89	89	0
3	0	9	2	28	57	24
0	1	2	1	22	93	36
4,522	4,215	3,893	3,307	55,669	111,115	22,039
4.1	3.8	3.5	3.0	50.1	100.0	

資料：自動車検査登録情報協会

大型二種免許保有者の推移

年	保有者数（人）	
2015	男	951,111
	女	13,272
	計	964,383
2016	男	928,935
	女	13,591
	計	942,526
2017	男	905,352
	女	13,890
	計	919,242
2018	男	881,913
	女	14,214
	計	896,127
2019	男	856,953
	女	14,539
	計	871,492
2020	男	832,989
	女	14,780
	計	847,769
2021	男	809,765
	女	14,967
	計	824,732

資料：警察庁

The Changes In The Number Of People Who Have Drivers' License To Drive Buses

バス平均車齢・平均使用年数の推移

（単位：年）

年別	平均車齢	平均使用年数
2012	11.12	16.82
2013	11.38	17.91
2014	11.56	17.63
2015	11.76	16.95
2016	11.87	16.83
2017	11.84	17.39
2018	11.81	17.69
2019	11.83	18.36
2020	11.86	18.31
2021	12.07	18.38

注：1．平均車齢：使用されているバスの初年度登録からの経過年数の平均
　　2．平均使用年数：初度登録してから廃車するまでの平均年数

自動車検査登録情報協会調査

The Shift Of The Average Age Of Buses And Average Service Life By Bus

自動車排出ガス規制　Motor Vehicle Emission Regulation In Japan

種別			現在の規制			
			規制年度	試験モード	成分	規制値
ディーゼル車	トラック・バス	軽量車（GVW≦1.7トン）	平成30年	WLTP（g/km）	CO	0.63
					NMHC	0.024
					NOx	0.15
					PM	0.005
		中量車（1.7トン＜GVW≦3.5トン）	平成31年	WLTP（g/km）	CO	0.63
					NMHC	0.024
					NOx	0.24
					PM	0.007
		重量車（3.5トン≦GVW）	平成28年	WHDC（g/kWh）	CO	2.22
					NMHC	0.17
					NOx	0.4
					PM	0.01
	乗用車		平成30年	WLTP（g/km）	CO	0.42
					NMHC	0.10
					NOx	0.05
					PM	0.005
ガソリン・LPG車	トラック・バス	軽自動車	平成31年	WLTP（g/km）	CO	4.02
					NMHC	0.05
					NOx	0.05
					PM	0.005
		軽量車（GVW≦1.7トン）	平成30年	WLTP（g/km）	CO	1.15
					NMHC	0.10
					NOx	0.05
					PM	0.005
		中量車（1.7トン＜GVW≦3.5トン）	平成31年	WLTP（g/km）	CO	2.55
					NMHC	0.15
					NOx	0.07
					PM	0.007
		重量車（3.5トン＜GVW）	平成21年	JE05（g/kWh）	CO	16.0
					NMHC	0.23
					NOx	0.7
					PM	0.01

注：1．CO：一酸化炭素，NMHC：非メタン炭化水素，NOx：窒素酸化物，PM：粒子状物質
　　2．規制値は型式あたりの平均値を示す
　　3．ディーゼル中量車の1.7トン＜GVW≦2.5トンは平成22年（2010年）から適用
　　4．WLTPは冷機状態の測定値がそのまま適用される
　　5．ディーゼル重量車の規制適用時期は3.5トン＜GVW≦7.5トンが平成30年（2018年），GVW＞7.5トンが平成28年，トラクターは平成29年　資料：環境省，国土交通省，日本自動車工業会

バスの地域別輸出台数

（単位：台）

地域	2019年	2020年	2021年
アジア	48,955	25,013	20,388
中近東	14,720	11,405	9,042
ヨーロッパ	128	218	162
北アメリカ	0	0	0
中南米	17,029	7,213	7,664
アフリカ	32,768	23,043	27,685
大洋州	5,572	4,488	5,623
その他	1,342	1,934	1,749
合計	120,514	72,954	72,313

注：2017年実績より一部会員メーカー台数を含まない

資料：日本自動車工業会

Number Of Exported Buses By Area

バス輸入台数（通関実績）

年別	台数
2012	73
2013	73
2014	83
2015	118
2016	207
2017	120
2018	114
2019	99
2020	125
2021	90

Number Of Imported Buses (Through Customs)

資料：財務省

No.191～195は79ページの広告参照〈上記のほかNo.63・67・70・71・74・75・79・82・83・93・98・113・129・130・131・123・132・133・135・144はわずかですが在庫があります〉

●ぽると出版の出版物の通信販売について

弊社出版物の通信販売は下記の要領で受け付けております。

代引着払い：Eメール（portepub@nifty.com），FAX（03-5481-6597），ハガキで，住所・氏名・電話番号・希望商品・冊数を弊社までお知らせ下さい。通知が届き次第，発送いたします。商品到着時に代金［商品代金＋送料＋代引手数料265円］を配達係員にお支払い下さい。弊社ウェブサイト（http://www.portepub.co.jp/），Amazonからご注文もできます。

代金先払い（代引手数料は不要です）：郵便局に備え付けの郵便振替用紙の加入者欄に「00190-7-20159 株式会社ぽると出版」，用紙表面の通信欄に希望商品と冊数をご記入の上，商品代金と送料をご送金下さい。ご入金から商品到着まで1週間程度かかります。なお郵便振替手数料はお客様のご負担となります。

定期購読のお申し込み：上記の「代金先払い」と同じ方法で，郵便局から郵便振替でご送金下さい。通信欄に定期購読開始の号数をお書き下さい。年間定期購読は，バスラマ通常号のみ（計6冊，送料込10,110円）と年鑑バスラマ込（計7冊，送料込12,630円）の2種類からどちらかをお選び下さい。

銀行振込または請求書ご希望の場合：予めEメール，FAXまたは電話で企業名・所在地・電話番号・ご担当者・お申し込み内容を弊社あてお知らせ下さい。なお銀行振込手数料はお客様のご負担となります。

＊多部数の場合の送料などご不明な点がありましたら，弊社までお問い合わせください。

●バスラマ販売書店

■下記の書店には毎回バスラマが配本されています。なおご注文は下記以外の書店からもできますので，ご利用下さい。

■書店名［＊はバックナンバーもあり］**北海道**／紀伊國屋書店（札幌本店，札幌厚別店），＊三省堂書店札幌店，＊MARUZEN＆ジュンク堂書店札幌店，＊ジュンク堂書店旭川店，帯広喜久屋書店，宮脇書店帯広店，**青森**／ジュンク堂書店弘前中三店，**岩手**／さわや書店本店（盛岡市），＊ジュンク堂書店盛岡店，**宮城**／＊アベ模型（仙台市），丸善仙台アエル店，**秋田**／ジュンク堂書店秋田店（秋田市），スーパーブックス八橋店（秋田市），ブックスモア（湯沢市〈湯沢市〉，大館市〈大館市〉），**山形**／こまつ書店本店（山形市），ゲオ酒田バイパス店，**福島**／西沢書店（福島市），＊ジュンク堂書店郡山店〈うすい百貨店9F〉，**茨城**／川又書店エクセル店〈水戸駅〉，**栃木**／八重洲ブックセンター宇都宮パセオ店，**千葉**／三省堂書店（そごう千葉店，カルチャーステーション千葉店），ときわ書房本店（船橋駅），＊丸善津田沼店〈ザ・ブロック〉，**埼玉**／ジュンク堂書店大宮高島屋店，丸善丸広百貨店東松山店，木つつ木〈ふじみ野市〉，**東京**／＊書泉グランデ〈神田神保町〉，＊書泉ブックタワー〈秋葉原〉，＊八重洲ブックセンター東京駅本店，丸善（丸の内本店），＊多摩センター店），啓文堂書店（渋谷店，明大前店，仙川店，府中店，高幡店，高尾店，永山店，多摩センター店，鶴川店，荻窪店，吉祥寺キラリナ店），有隣堂アトレ大井町店，＊ブックファースト新宿店〈モード学園コクーンタワー〉，＊東京旭屋書店（池袋東武百貨店），ジュンク堂書店（池袋店，プレスセンター店〈内幸町〉，＊吉祥寺〈コピス吉祥寺6F・7F〉，大泉学園店），＊オリオン書房ノルテ店〈立川・パークアベニュー3F〉，**神奈川**／有隣堂（伊勢佐木町本店，ルミネ横浜店，横浜駅西口店，厚木店），精文館書店下永谷店〈横浜市〉，丸善ラゾーナ川崎店，文教堂モアーズ店〈横須賀市〉，啓文堂書店（小田急相模原店，橋本店），＊ジュンク堂書店藤沢店，**山梨**／＊バスの店ビー・ユー〈甲府市〉，**長野**／平安堂（長野店〈長野駅前〉，上田店），丸善松本店〈コングロM B1・2F〉，**新潟**／紀伊國屋書店新潟店，＊知遊堂（三条店〈三条市〉，上越国府店〈上越市〉），ジュンク堂書店新潟店〈新潟市〉，本の店英進堂〈新潟市〉，**富山**／＊ブックスなかだ掛尾本店〈富山市〉，**石川**／TSUTAYA金沢店，**岐阜**／カルコス（＊本店〈岐阜市〉，各務原店，穂積店），＊丸善岐阜店〈岐阜市マーサ21 3F〉，**静岡**／谷島屋（パルシェ店，浜松連尺店，サンストリート浜北店〈浜松市〉，磐田店），焼津谷島屋登呂田店，＊MARUZEN＆ジュンク堂書店新静岡店〈新静岡セノバ5F〉，**愛知**／ジュンク堂書店名古屋店，＊三省堂書店名古屋本店，丸善（＊名古屋本店〈栄〉，ヒルズウォーク徳重店〈名古屋市緑区〉，イオンタウン千種店〈名古屋市千種区〉，アピタ知立店〈知立市 ギャラリエアピタ知立店2F〉），精文館本店〈豊橋駅前〉，カルコス小牧店，**三重**／丸善四日市店〈近鉄百貨店四日市店地階〉，コメリ書房（鈴鹿店〈鈴鹿市〉，松阪店〈松阪市〉），**滋賀**／＊サンミュージックハイパーブックス長浜〈長浜市〉，大垣書店大津一里山店〈大津市〉，ジュンク堂書店滋賀草津店〈草津市〉，**京都**／アバンティ・ブックセンター（京都駅八条口），ふたば書房京都駅八条口店，大垣書店（＊京都ヨドバシ店，＊イオンモール京都桂川店），＊丸善京都本店〈京都BAL B1・B2F〉，キタムラAVIX福知山店，**大阪**／旭屋書店なんばCITY店，ジュンク堂書店（＊大阪店〈梅田〉，＊難波店，＊あべの店〈あべのハルカス〉），＊MARUZEN＆ジュンク堂書店梅田店，紀伊国屋書店梅田本店，野村呼文堂本店〈枚方市〉，＊サンミュージックハイパーブックス茨木店〈茨木市〉，**兵庫**／＊ジュンク堂書店（三宮店，三宮駅前店，西宮店，明石店），喜久屋書店辻井店〈姫路市〉，**奈良**／＊啓林堂書店学園前店〈奈良市〉，**和歌山**／宮脇書店ロイネット和歌山店〈和歌山市〉，**鳥取**／ブックセンターコスモ吉方店，**岡山**／紀伊國屋書店クレド岡山店，喜久屋書店倉敷店〈イオンモール倉敷〉，**広島**／紀伊國屋書店（広島店，ゆめタウン広島店），フタバ図書ブックスラフォーレ〈広島市〉，丸善広島店〈天満屋八丁堀ビル7F・8F〉，ジュンク堂書店広島駅前店，啓文社PP店〈福山市〉，**徳島**／紀伊國屋書店徳島店，＊附家書店松茂店〈板野郡〉，**香川**／宮脇書店（高松本店，イオン高松店），ジュンク堂書店高松店〈瓦町FLAG 3F〉，紀伊國屋書店丸亀店，**愛媛**／＊ジュンク堂書店松山店（移転しました。松山市一番町3-1-1 松山三越5F），**福岡**／紀伊國屋書店（＊福岡本店〈博多駅〉，ゆめタウン博多店，久留米店），＊ジュンク堂書店福岡店〈天神〉，丸善博多店〈JR博多シティ8F〉，**佐賀**／紀伊國屋書店佐賀店，**長崎**／メトロ書店本店〈長崎市尾上町〉，**熊本**／紀伊國屋書店（熊本光の森店，熊本はません店），**大分**／紀伊國屋書店アミュプラザおおいた店〈大分市〉，ジュンク堂書店大分店〈大分市〉，**鹿児島**／ジュンク堂書店（天文館店，＊鹿児島店），紀伊國屋書店鹿児島店，**沖縄**／＊ジュンク堂書店那覇店〈美栄橋駅〉 ほか

BUSRAMA ANNUAL 2022➡2023

編集後記

　昨年に引き続きコロナ禍の1年，とは言え世界的にも正常化に向けて進んでいる。2022年秋にIAA取材で訪問したドイツでは，公共交通利用時に医療水準マスクの着用が義務付けられていたが，この2月から撤廃される。そのドイツから日本に戻る際に，飛行機の搭乗待ちの行列で偶然話をしたのが，カルサンの社員だった。こちらが日本人とわかるとバスを輸出するんだと嬉しそうに話してくれ，社内でも期待感が高いようだ。そんなわけで，今回のマイバスねた賞は遠路はるばるやってきたカルサンe-Jestに。これまでにないコンパクトなノンステップ車，しかも電動駆動系は既に実績のあるコンポーネントである。サンプル車は左ハンドルだが，日本向けに開発中という右ハンドル仕様がどうなるのか，興味津々だ。　（や）

　このところ電車に乗ればいつでも結構込んでいるし，ぽると出版のある下北沢は平日・休日を問わず多くの人が集まっている。行動制限が緩和され人の動きが活発になっている。ただしこれは「大都市」のことで，「その他地域」では，鉄道の減便・廃止，路線バスのダウンサイジング化が伝えられている。全国的には人口減少への対応が求められているようだ。自動車関連メーカーも自動車の製造・販売から自動車を使ったサービスで収益を上げることにシフトしている。これは「今までどおりではダメ，新しいことをしなければ」の表れと思う。新しい動きの中で公共交通は姿を変える途上にあり，世の中は確実に変わってきている。でも「戦前回帰」にはなってほしくはないと思う。　（Y）

　巻末のデータ編に示したバスの新車登録台数は2019年度が約1万1,000台と前年度並みだったが，コロナ禍が本格化した2020年は約8,000台，2021年度は6,000台弱に減少した。2022年度は一部車種の販売中断も手伝い，年度末の集計ではさらに大きく減少することになるだろう。バス事業へのコロナ禍の影響を改めて実感する。それでも2022年は行動制限の緩和や旅行支援もあり，巻頭ハイライトのように明るい話題も少なくなかった。バスラマ賞を贈呈した3軸バスも，バス文化の熟成を象徴するような明るい話題だが，かつては海の向こうの話だった廃車体からのレストアを，日本の事業者が行うようになったのは驚きである。こうした事業者の底力に期待をしながら，2023年のバス事業の復活を祈ろう。　（S）

　今年の年鑑バスラマの巻頭言では「四面楚歌」という言葉を使った。あまりいい表現ではないけれど，現状のバス業界に明るい方向性が見えにくいのは事実だろう。だからこそ，かつてうまくいっていた点や仕組みにスポットを当て，今うまくいかないものを抽出して見比べてみたい。スマホの機能に依存し，ネット情報に影響を活用するのは便利で快適だが，容易に入手できる情報の質を気にするのはアナログ世代の性分でもある。コロナ禍の終息，そして2022年2月に始まったロシアによる一方的なウクライナ侵攻の停止，どちらも1日も早く終わり，信頼と秩序が取り戻せる世界の到来を願う。普段着の暮らしが安心できる世の中こそバス業界の閉塞感を払拭する風になる。そんな風を感じながらバスの発展に期待したい。（W）

次号の『年鑑バスラマ2023→2024』は2024年1月末の発行予定です。写真等のご投稿は2023年12月12日までにお願いします。〈編集部〉

バスラマ最新刊の案内はぽると出版ウェブサイトでご覧ください
http://www.portepub.co.jp/

写真撮影・提供者

朝倉 博（HA），石田大輔（DI），岡部早朋（HO），片岡 博（HK），角野信明（Kd），金沢勝也（KK），儀武 博（HG），佐藤雄紀（YS），清水健司（Sk），鈴木央文（Sz），中村公亮（Nk），西塚 明（AN），藤岡知高（Fu），増田理人（Md），三箭哲志（TM），森川祥行（YM），森田哲史（Mo），山内重幸（Ya），川崎市交通局，芸陽バス　メーカー各社，バスラマ編集部，〈歴史編〉信南交通，国鉄バス太郎　（順不同・敬称略）

スタッフ・印刷所

〈和文英訳〉板倉素明
〈編集スタッフ〉斎藤 崇，柳沢孝尚，吉田英二，和田由貴夫　〈販売〉諸見 聡
〈印刷〉㈱ひでじま　Printed in Japan

年鑑バスラマ 2022➡2023

2023（令和5）年2月5日発行
発行人　和田由貴夫
発行所　株式会社ぽると出版
〒155-0031　東京都世田谷区北沢2-23-7-302
☎(03)5481-4597　FAX(03)5481-6597　郵便振替00190-7-20159
URL　http://www.portepub.co.jp/　E-mail　portepub@nifty.com
定価2,200円（本体2,000円＋税10%）　ISBN978-4-89980-523-6